HOOLIGANS ILUSTRADOS

NACHO CARRETERO (A Coruña, 1981). Empezó su periplo como periodista en redacciones y después huyó para ser freelance. Ha publicado en todo medio escrito que se le ponía a tiro, desde *Jot Down* al *XL Semanal* pasando por *Gatopardo* o *El Español*. En la actualidad es reportero en el diario *El País*. Contar la historia del narcotráfico gallego era un sueño periodístico enquistado en su cerebro desde que era un *neno* y lo cumplió con la publicación de *Fariña*, su primer libro.

NOS PARECE MEJOR

Nacho Carretero

LIBROS DEL K.O.

CUARTA EDICIÓN: marzo de 2025

C/Infanta Mercedes 92 Despacho 511
28020 Madrid
hola@librosdelko.com
www.librosdelko.com

ISBN: 978-84-16001-85-9
DEPÓSITO LEGAL: M-2246-2018
CÓDIGO IBIC: DJN

DISEÑO DE PORTADA: Artur Galocha
DISEÑO DE COLECCIÓN: Rivolta
MAQUETACIÓN: María O'Shea Pardo
CORRECCIÓN: Inés Marcos
IMPRESIÓN: Kadmos

IMPRESO EN ESPAÑA - PRINTED IN SPAIN

Para mi hermana Cris

«Mucho que decir y poco que contar».

Arsenio Iglesias, en la rueda de prensa
tras el penalti de Djukic.

1. Abuelo

Me encanta ver a mi abuelo en su butaca, frente a la televisión, explotar por un mal control de un jugador del Dépor: «¡Imbécil!». Mi abuela le riñe si anda cerca (algo que generalmente ocurre: está sentada en la butaca de al lado). También mi madre, si pasa por ahí, le pide con gesto cansado que haga el favor de no gritar. Así que mi abuelo se contiene.

Ocurre entonces que, aunque en apariencia mi abuelo resiste sus deseos de crítica feroz, empieza a rumiar su enfado en silencio. Como un globo inflándose con lentitud. Y, claro, es una cuestión de tiempo. Finalmente, el estallido llega por lo más nimio, por un delantero que cae en fuera de juego, un centro que se va largo o un exceso de pases en el medio campo.

«¡Las entregas! ¡Mierda de entregas!», dice (llama entregas a los pases). Si el enfado de mi abuelo te pilla cerca, es probable que no descifres por qué un error del montón puede provocar tanta indignación. Solo unos pocos sabemos que protesta por la acumulación. Y, claro, mi abuela le mira mal.

Fue mi abuelo quien me mostró por primera vez al Dépor. La mayoría de mis amigos ya lo conocían de uno o dos años antes. Y a casi todos se lo habían descubierto sus padres. O su hermano mayor. En mi caso no tengo hermano mayor (sí hermana pequeña, Cris, a quien, años después, yo mismo le mostraría al Dépor y ella se lo está dando a probar ahora a sus hijos) y mi viejo es del Sporting de Gijón (y del Real Madrid, pero porque odia al Barça. Aunque en el fondo le da igual, mi viejo hace años que se quitó del fútbol y ahora solo se dedica a verlo en silencio y a decir que los jugadores son unos blandos). Así que el asunto me lo propuso mi abuelo con siete años. Y me gustó.

En la temporada 89-90 nació nuestra sonora pasión compartida. El Dépor jugó aquel curso la promoción de ascenso a Primera contra el Tenerife. Ese día, mi abuelo me dejó gritar por la ventana de su casa, un noveno: «¡Aúpa, Deportivo!». Tampoco grité con toda mi alma: era yo un niño algo reservado y no quería importunar a nadie. De aquel partido también recuerdo un palo de madera con una tela blanquiazul. Y también que mi madre me compró un gorro. Mis gritos, mi amago de bandera y mi gorro no causaron ningún efecto. Perdimos. 0-1. Nos quedamos en Segunda.

Primer disgusto. Qué bien hubiera hecho en abandonar aquello en ese momento. Debí haber captado la señal: ahórratelo. No te metas en esto. A la larga, te hará daño. Pero al año siguiente nos encontramos en la misma situación: el Dépor jugándose el ascenso y yo a los pies del sillón de mi abuelo, bandera, gorro y gritos por la ventana. Hacerte de un equipo es como una conga: es muy fácil entrar, pero muy difícil salir.

2. *Lume*

Hay humo en Preferencia, la grada lateral del estadio de Riazor. «Sí, es humo», confirma una voz en el rebosante salón de casa de mis abuelos, no menos lleno de humo: el de mis tíos fumándose, cigarro a cigarro, el posible ascenso a Primera. Sí, es un incendio. El partido está a punto de empezar y hay un incendio en el estadio. El equipo al que le pasan cosas montando una de sus performances.

La Televisión de Galicia emite un primer plano de la inesperada llama. La gente baja al césped huyendo de la tos. Saltan la valla de la grada con torpeza: hay padres con hijos en brazos, hay gente mayor con cara de «yo solo venía a ver un partido»... Los jugadores esperan en el vestuario.

Alguien en la tercera fila del salón de casa de mis abuelos hace el comentario que pide el cuerpo y que devendrá en eslogan de aquel episodio: «Hay que quemar el *meigallo*». Porque, todos lo sabemos, *habelas, hainas*.

Llegan los bomberos, por fin. El padre de Martín Gallardo, un compañero que se sienta en el pupitre de atrás en mi clase de 4º de EGB, está ahí, ayudando. En ese momento no lo sé, pero durante los días y semanas siguientes, Martín Gallardo, en clase, se encargará de recordarnos con frecuencia cíclica que su padre estaba sobre el terreno, codo con codo con los bomberos. Algo que le valdrá varios puntos en el escalafón social del colegio.

Todavía sentimos fresca la decepción del año pasado en la promoción de ascenso contra el Tenerife, pero ahora, ante el Murcia, tenemos otra oportunidad. Antes del partido, camino por la calle con el gorro de la temporada pasada, un plumífero gris y negro y unas zapatillas Aiwa (imitación de Avia). Qué paisaje.

Los coches hacen sonar el claxon. Hay petardos, cánticos, gritos, aglomeraciones. Pasa un tipo en un Seiscientos pintado de azul y blanco, asomando medio cuerpo por la ventanilla y sosteniendo en la mano una ristra de ajos. Acabará la ristra, como cada partido, en el córner. No por nada, pero por si acaso.

Se apaga el fuego y empieza el partido. Que no ocurra lo del Tenerife. Recuerdos borrosos: las áreas pequeñas no tienen hierba. Pienso en si a los porteros no se les pelarán las rodillas al tirarse, como a Javier Anzizu, de 3º A, cuando nos dejaban jugar en el campo de hierba grande. Su portero lleva gorra blanca, otro clásico de la época que restaba fiereza a los porteros, como si no fueran más que simples veraneantes en Benidorm buscando un hueco donde plantar la sombrilla.

Las gradas están a reventar, con ese aspecto multicolor de los tardíos ochenta, cuando nadie vestía la camiseta de su equipo porque la maquinaria del merchandising aún no se había puesto en funcionamiento.

Al descanso, a ceros. Segunda parte: gol de Stojadinovic. Saltos, abrazos. Otro gol del serbio Stoja. Ya se oyen bocinas de coches por la calle, petardos, gritos. A Coruña a Primera.

Con mi rudimentaria bandera al hombro, salgo a la calle a festejar (a festejar todo lo que se puede festejar con nueve años y yendo con tus padres). Hay unos tipos bañándose en una fuente. Uno de ellos, sin camiseta, se acerca a una chica. Yo los observo. Él le acaba pidiendo el teléfono y ella se lo da. Absorto, pienso que eso debe de ser ligar. Nunca lo había visto tan de cerca. Hay alegría colectiva, contagiosa, como en una fiesta de neojipis. El tipo del Seiscientos vuelve a pasar sin los ajos, haciendo sonar el claxon.

3. El error

No es fácil superar un trance como el de perder la liga en la última jornada. El Dépor fue campeón durante muchos minutos, durante casi toda la primera parte de aquel último partido.

El capítulo en el que el equipo estaba llamado a la gloria arrancó con un gol en el minuto dos y se puso todavía mejor cuando, tres minutos después, el rival en la disputa por el título encajaba. En A Coruña, la gente, por primera vez en su historia, soñaba con una recompensa que parecía no correspondernos: una liga.

El asunto se torció en los últimos minutos de la primera parte. El Atlético de Madrid, el otro aspirante al título que jugaba su partido en casa contra el Valencia, marcó y se puso por delante. A cambio, el Dépor se dejó empatar en Bilbao. Se diluía el sueño, como cuando la luz entra por la ventana y uno no quiere despertarse, pero ya está, se despertó, se acabó. Aunque vuelvas a dormirte no es posible regresar al sueño.

Ocurrió esto en 1950. Durante los partidos de aquellos años, el antiguo campo de Riazor se llenaba hasta la bandera. Una imagen esta, un recuerdo, que contradice la ocasional percepción del Dépor como un equipo moderno, popular solo a partir de los noventa. Error.

Aquella temporada el Dépor quedó segundo gracias a la Orquesta Canaro, una delantera mágica predecesora de lo que estaba por venir.

Originalmente, la Orquesta Canaro era una banda musical liderada por Francisco Canaro, un compositor uruguayo nacionalizado argentino que contribuyó a que el tango se introdujera en Europa.

Según cuenta Julio Jareño, el periodista de *La Voz de Galicia* Manuel Ponte Patiño, que había vivido en Argentina, acuñó el término para referirse a la mítica delantera deportivista compuesta por los sudamericanos Corcuera, Moll, Franco y Oswaldo y el canterano Tino. Manuel Ponte la bautizó así, explica Jareño, «por su ritmo de tango en el juego, su exactitud en la combinación y su eficacia goleadora», comparando estas virtudes con las del conjunto musical del mismo nombre que causaba furor en aquellas fechas.

Aquella fue también la época de uno de los grandes orgullos del equipo: Luis Suárez, único jugador español en la historia que ha ganado un Balón de Oro. Y de otros nombres propios como Juan Acuña, Amancio Amaro o Antonio Villar Chao. También de Bebel García.

Bebel García era delantero del Dépor y socialista. Lo fusilaron al pie de la Torre de Hércules en 1936. Cuenta el escritor Eduardo Galeano en un relato que, con el pelotón ya apuntándole, el deportivista pidió orinar. Cuando terminó, se subió la cremallera, volvió a girarse hacia sus verdugos y recibió las balas en el pecho con el que semanas antes bajaba balones en el área.

4. El sombrero de mi bisabuela

El Dépor se fundó en 1906 —el mismo año que la cerveza Estrella Galicia, imposible que sea mera coincidencia— en la Sala Calvet de A Coruña. Viste camiseta de rayas verticales azules y blancas y su nombre completo es Real Club Deportivo de La Coruña. Es un histórico centenario de la liga. Ganó cinco veces el campeonato gallego antes de que existiese el nacional.

En aquellos años diez y veinte, el campo del Corralón primero y el de Riazor después, se llenaban para ver al equipo, una marea de aficionados con sus sombreros, gorras y pañuelos al viento. Y esto ocurría en una época en la que, en la mayoría de España, el fútbol ni siquiera era un deporte conocido. En A Coruña, por el contrario, era ya popular gracias a su condición de ciudad portuaria. Los marineros ingleses disputaban partidos en el muelle a finales del siglo XIX y los vecinos, asombrados, fundaron en 1904 el Coruña F. C., el primer club de la ciudad, que pronto sería relevado por el Deportivo, fundado, como ya hemos dicho, en la Sala de Deportes Calvet.

Cuando en 1928 arranca la liga, el Deportivo queda encuadrado en Segunda División, donde compite hasta el año 41, en el que asciende a Primera. Diez años más tarde, en 1950, (ya lo hemos contado) el equipo queda subcampeón tras perder la liga en el último partido.

De estos años se acuerda bien mi abuelo, que iba al campo de Riazor (antepasado del estadio de Riazor) religiosamente. Y no iba solo. Otros tantos abuelos y abuelas coruñeses fueron testigos de cómo la ciudad seguía con pasión al equipo, que aportaba jugadores a la Selección y a los negocios del Barça y del Madrid.

Antes que mi abuelo, al campo de Riazor iba mi bisabuelo acompañado de mi bisabuela. Una foto familiar de la época atestigua la escena, aunque la instantánea siempre ha sido motivo de debate en casa de mis abuelos. En la imagen no se distingue bien que mis bisabuelos estén en el estadio, así que algunos tíos míos dicen que no, que en realidad los bisabuelos están en la playa (playa de Riazor, de ahí la posible confusión, afirman). Mi abuelo responde que de ninguna manera, que el campo de Riazor tenía partes abiertas, sin gradas, donde la gente preparaba picnics mientras veía el partido de *foot-ball*. Por eso en la foto no se distinguen las gradas, dice, y arremete contra mis tíos, que no tienen ni idea de lo que hablan. Yo, por supuesto, creo a mi abuelo.

En la foto se puede ver a mi bisabuela con un sombrero improbable que le tapa los ojos y un paraguas en la mano. A su lado está mi bisabuelo, con sombrero de paja, traje y corbata.

Y, de nuevo, no están solos. El Dépor siempre contó con el respaldo y el interés de la ciudad. Afirmar otra cosa forma parte del folclore de la rivalidad, que es muy divertido, aunque sea falso.

5. Arsenio y mi amigo Edu

Que sobre el Dépor haya poca memoria se debe en gran medida al oscuro bache que atravesó en los años setenta, cuando llegó a despeñarse a Tercera y bordeó la desaparición. La identidad blanquiazul se diluyó en esta década. Con el equipo en depresión, gran parte de la ciudad dio la espalda al fútbol y prefirió abrazar los éxitos del Hockey Club Liceo, el equipo sobre patines coruñés que acabó con la hegemonía catalana y ganó todos los títulos posibles. Fueron años de pasión por el stick en A Coruña. En esa época, a quien se hacía socio del Liceo le regalaban el carné para el fútbol. Aquel equipo de hockey, por cierto, estaba presidido por un joven llamado Augusto César Lendoiro.

De aquellos años de abandono nació la fama —no exenta de argumentos— de A Coruña como ciudad madridista. La gente buscaba aliviar su mono futbolístico y, ante la incomparecencia del equipo local, a muchos vecinos se les cayeron las rayas azules y se quedaron con la camiseta blanca. Muchos, que no todos. Hasta en esta dolorosa travesía hacia la nada siguió habiendo fieles. Fue sobre todo —que no solo— la gente de barrio, las clases populares de la ciudad que habían sido testigo de los éxitos de décadas pasadas. Se mantuvieron fieles y leales, y prepararon el terreno para la siguiente y definitiva generación blanquiazul.

El despertar generalizado del deportivismo se produjo a finales de los ochenta, a lo Uma

Thurman en *Pulp Fiction*. La jeringa de adrenalina en el corazón se la clavaron los adolescentes y los jóvenes de los barrios de A Coruña que buscaban un futuro y un sentimiento de pertenencia más allá de la droga y la falta de alternativas. Así que se fueron a Riazor, rescataron al equipo y lo pusieron en Primera tras peleas contra Tenerifes y Murcias, batallas en el barro que repintaron la ciudad del blanquiazul desteñido de la década pasada. Tras ellos llegaron el resto de coruñeses. Volvía el Dépor.

El 18 de junio de 1992 fue un día señalado en este resurgir. Un día especialmente recordado por mi amigo Edu, que aquella noche se marchó a la cama sin saber si el Deportivo se mantendría un año más en Primera.

Tras el ascenso contra el Murcia, cuando las gradas echaron fuego, el equipo terminó la temporada en puestos de promoción (qué recuerdos, la promoción. ¿Por qué en el fútbol siempre tenemos la sensación de que se cargan lo mejor?).

En el partido de ida en Riazor, el Dépor se había impuesto por 2-1 al Betis. Todos los amigos escuchamos el partido de vuelta colgados de nuestros transistores (mi viejo tenía una radio con antena larga que se ponía en la oreja mientras veía el partido sin volumen por la tele).

Pero la promoción se jugaba entre semana y corría el año 1992. Es decir, al día siguiente teníamos colegio. Así que la madre de Edu, sin piedad, lo mandó a la cama. Edu tuvo que esperar al amanecer para saber que, efectivamente, el Dépor seguiría otro año en Primera. Cada vez que nos reunimos los amigos, en cada comida o cena, Edu nos recuerda que, todavía hoy, no entiende tanta crueldad.

Del resumen del partido que emitió la Televisión de Galicia se me quedó una imagen grabada:

tras el pitido final, Arsenio Iglesias, nuestro entrenador, O Bruxo, El Zorro de Arteixo, se abraza en el medio campo al capitán Martín Lasarte. Y un micro capta lo que dice el bueno de Arsenio entre lágrimas: «Cuánto he sufrido, Martín».

Arsenio Iglesias, dios profano de toda una generación blanquiazul, es un paisano de Arteixo que se agarraba las mangas del jersey y que jugó en el Dépor en los años cincuenta. Después lo entrenó en distintas etapas. La más importante, a finales de los ochenta y principios de los noventa.

Arsenio es un señor bueno, noble, tranquilo y pertenece a un universo muy lejano al del fútbol moderno. Daba entrevistas en chándal, jamás hablaba claro (hablar claro en Galicia es de mala educación) y llamaba *neniños* a los jugadores y *descamisaos* a los Riazor Blues. Cuando después de los partidos llegaba a la rueda de prensa, al periodista de turno le bastaba con decir: «Míster, qué». Y Arsenio arrancaba a hablar sobre el encuentro.

De aquel partido contra el Betis, según contaba más adelante Fran, el zurdo de Ribeira que jugaba junto a su hermano José Ramón, quedó para el recuerdo la arenga de Arsenio en el vestuario antes de saltar al campo del Betis: «*Venga neniños, que sabe Deus canta xente hai na Coruña rezando por nós. As vosas nais están rezando. Pola vosa nai, por todos os deportivistas, tendes que lograr isto*».

Desde entonces, pese a los vaivenes, los descensos y los fantasmas de la desaparición que todavía estaban por llegar (y aún amenazan hoy), el deportivismo ha quedado indefectiblemente vinculado a la ciudad. Hoy en día, lo que haga el equipo ya es secundario. Más allá del marcador y de la categoría, la identidad deportivista está arraigada en la ciudad y supone un orgullo, una identificación con lo propio. Una resistencia ante la oleada de camisetas blancas y azulgranas que todo lo inundan. Y esta identidad es algo que se transmite en los genes.

Los hijos de aquel resurgir ya no tienen elección y nacen con las rayas azules cosidas a la piel. Los nietos que ya llegan lo hacen con el carné de abonado del Dépor agarrado con las encías. Ya no hay alternativa. Nunca la hubo, aunque por un momento pareció olvidarse.

En realidad, nunca nos fuimos. Estábamos cogiendo carrerilla.

6. Bebeto (y Mauro)

Hoy se inaugura el Paseo Marítimo de A Coruña. Estamos en el verano de 1992. Los chavales llevan pantalones cortos de algodón y de sus bocas cuelga un flash de hielo coloreado. En verano no hay Dépor, así que intentamos combatir el mono con otras actividades, como robar leña de las obras cercanas para la hoguera de San Xoán (en realidad siempre nos la robaban a nosotros).

La inauguración del paseo es uno de esos acontecimientos que vivió la España de los tempranos noventa en su desesperada lucha por dejar atrás el quinquismo. Mientras Sevilla trataba de meter debajo de la alfombra a todos los malandros de la ciudad para que nada empañase su Expo '92 y Barcelona hacía lo propio para los Juegos Olímpicos, en A Coruña comenzábamos nuestra carrera por convertirnos en señoritos. Y qué mejor manera de hacerlo que inaugurando un paseo marítimo.

Desde 1988 el nuevo presidente del club era el *milagreiro* del Hockey Club Liceo, Augusto César Lendoiro. Esa no era su única experiencia deportiva. Atrás dejaba una brillante y exitosa carrera como presidente del Ural F. C., equipo de fútbol coruñés del barrio de Santa Margarita fundado por el propio Lendoiro en sus años adolescentes. El Ural es uno de los equipos más reconocidos de la ciudad y de sus filas salió, por poner solo un ejemplo, el exportero Paco Buyo, cuya familia, por cierto, regentaba una maravillosa panadería en Bergondo donde mi abuela compraba siempre el pan de huevo y la bolla.

Lendoiro volvió a obrar el milagro y, tras salvarnos contra el Betis, sacó el talonario para traer a dos figuras del mismísimo Brasil: Bebeto y Mauro Silva. El propio Lendoiro contaría años después que a Bebeto le seducía más la oferta del Borussia Dortmund, que pugnaba por hacerse con el goleador. Así que el presidente le pagó un viaje a Bebeto y a su mujer para que conocieran la ciudad, con tan buena suerte que, el fin de semana que llegaron, lució el sol como pocas veces en A Coruña. Lendoiro les mostró la playa y les dijo que la ciudad era conocida como la pequeña Río. La mujer de Bebeto lo vio claro: ¿a santo de qué se iban a ir a Alemania a pasar frío? Horas después de que su avión abandonara la ciudad, empezó a llover. La decisión, sin embargo, ya estaba tomada.

Mauro y Bebeto llegaron a una ciudad en metamorfosis. O en intento de. Los periódicos hablaban de un montón de negocios y empresas que florecían en la ciudad. También de monumentos, puertos deportivos, bulevares, centros comerciales y otras modernidades. En aquellos días, sin embargo, los periódicos —*El País*, en concreto— destaparon un escandalazo en medio de la orgía urbanística: parte del dinero que estaba bendiciendo la ciudad provenía de Matta Ballesteros, un dirigente del cartel de Medellín que se había instalado frente a la playa del Orzán y que se dedicaba a blanquear narcodinero. *El País* publicó nombres de empresas, empresarios y políticos locales. Y nadie se inmutó. A día de hoy, aquel suceso sigue sin tener importancia.

Uno de los nombres que salieron a la luz fue el del incombustible Francisco «Paco» Vázquez, alcalde de la ciudad desde 1983 hasta 2006, que ganaba las elecciones sin hacer campaña. Paco Vázquez había prometido sacar a la ciudad de los crueles ochenta e introducirla en los acomodados noventa, en la modernidad. Era un hombre que soñaba con convertir A Coruña en algo comparable a Montecarlo, aunque le salieron unos emblemas de dudoso gusto, como el Millenium —un incomprensible obelisco de vidrio— o el ascensor redondo de cristal del parque de San Pedro, que no usa nadie. Vázquez era un despilfarrador acorde a los tiempos que corrían. (Herido en su orgullo, por cierto, anunció una querella contra *El País* por la información publicada, aunque de esa amenaza nunca más se supo.)

Paco Vázquez había sido compañero de pupitre de Lendoiro en los Maristas, aunque su relación, ya de adultos, no fue precisamente la de dos colegas de clase. El club y el ayuntamiento acabarían odiándose.

A Coruña emprendía su camino hacia La Coruña. En esta ele hay más contenido que en cualquier tratado de sociología e historia de la ciudad. El debate del topónimo inundó durante años las calles de la ciudad: el coruñés *vazquista*, conservador y castellanohablante vivía en La Coruña, mientras que su vecino galleguista, que conocía a Paco Vázquez como «Pacochet», vivía en A Coruña. Después estaba a quien le daba igual y, en una estrategia puramente gallega, decía Coruña.

El Dépor de Lendoiro también participó en la loca carrera hacia los noventa. Los fichajes de los brasileños, unidos a los de Nando, Ribera o Aldana, tejieron una plantilla prometedora. O, al menos, una alineación titular por encima de lo aceptable.

Aquella drástica inversión, recién llegados de Segunda y en medio del narcoescándalo, provocó el despertar de la rumorología. Especialmente aquella nacida en los territorios de nuestros celestes vecinos del sur: el Dépor se había reforzado gracias al narcodinero. ¿Por qué iba a ser la excepción en mitad de toda aquella orgía de narcodólares?

Al narco-Dépor le persigue todavía hoy la fama y, a base de repetirla, en A Coruña le hemos cogido cariño. ¿Que el super-Dépor nació por un par de descargas? Bueno, pues vale. No nos vamos a escandalizar ahora por unos fardos de más. Eso sí: del mismo modo que a nadie parece preocuparle, nadie lo ha probado jamás.

También insisten en Vigo, vete tú a saber por qué, en llamarnos turcos, y es raro el partido en Riazor en el que no aparecen un par de camisetas de la selección de Turquía o un par de banderas de la media luna. De hecho, lo de turcos hace tiempo que trascendió el fútbol: para el resto de Galicia, los coruñeses somos turcos. No pregunten la razón: nadie la conoce.

A mí estas cosas me parecen fantásticas. Yo no sé qué pintaría en este asunto del fútbol si me quitasen la rivalidad. Gran parte de la dieta deportivista se basa en alimentarnos del Celta, del mismo modo que el Celta se nutre del Dépor. Siempre vigilándonos de reojo, siempre alerta. Estadísticas absurdas, apodos, cánticos y desplazamientos masivos a territorio comanche. ¿Puede haber algo más entretenido?

Ya han sido varios los derbis gallegos que se han jugado en la misma jornada y solo unas horas después que el Madrid-Barça. En estos casos, al clásico le llamamos en Galicia el partido de los teloneros. No existe comparación posible entre un partido de mentira y *o noso* derbi. Hay temporadas en las que con ganar el derbi apañaste el año. *Arre carallo* que sí.

Y mientras los obeliscos brotaban de la tierra, mi barrio se mantenía al margen. En Elviña (que ya no es mi barrio) los bloques feos de viviendas, las aceras gastadas y los gitanillos en bici se mantenían ajenos a las promesas de progreso.

En mi colegio, el hijo de la pescadera, Fran, que había repetido curso unas tres veces, nos dibujaba en un cuaderno cómo era hacerse una paja. Y Richi se tatuaba una R en el brazo con el compás. Y Ramón Barrul salía en la contraportada de *La Voz de Galicia* porque iba a pescar carpas en la fuente de la rotonda de Las Pajaritas. Y al pobre Roberto Carracedo, que iba antes que yo en la lista, le faltaba un ojo porque se lo habían sacado de una pedrada.

Después de clase, jugaba al fútbol hasta que mi madre me avisaba por la ventana. Subía a casa, hacía los deberes y bajaba de nuevo a jugar al fútbol. A veces poníamos centinela durante los partidos porque los grupos de niños que patrullaban el barrio en bici podían encapricharse de tu balón sin previo aviso (y entonces ahí sí que corríamos). Todo aquello no salía en los periódicos ni en los programas electorales del Ayuntamiento.

En aquellas pachangas, uno se pedía Bebeto, otro Manjarín, otro Fran. A nadie se le ocurría ser Butragueño, Laudrup o Romario. Formábamos parte de la generación que ya llevaba la enseña blanquiazul en la sangre. La ciudad buscaba su identidad a través del dinero y la ostentación, pero sus vecinos ya la habían encontrado en su equipo de fútbol.

El Dépor cubría nuestras necesidades. El equipo sumó cinco victorias en las cinco primeras jornadas de liga, incluidas las del Celta y el Real Madrid. Esta última, 3-2 en Riazor, se produjo tras ir perdiendo 0-2. Para muchos, esta remontada marcó el nacimiento del super-Dépor.

Terminamos ese año (esa maravillosa fórmula de hablar de tu equipo en primera persona del plural porque, obviamente, tú también ganas y pierdes) en tercera posición y nos colamos en Europa. Nos convertimos en el equipo simpático de España, el pequeño rebelde que se venía arriba (etiqueta que, afortunadamente, logramos dejar atrás). En mi primer año viviendo en Madrid, en 2005, conocí a un camarero en el Vía Láctea de Malasaña que era de Jaén y deportivista irredento. No tenía un solo vínculo con A Coruña más allá del Dépor. Me encontré alguno más así. No son muchos, pero son bienvenidos. Mi respeto a todos ellos.

Mauro Silva y Bebeto, dando toques al balón en la playa el día de su presentación, eran nuestro faro, nuestra seña allá lejos, en aquella ciudad con playa en la que se inauguraba un paseo marítimo. Oigo de fondo los fuegos artificiales desde mi calle, sentado con mi vecino Josiño con un balón entre los pies, mientras hablamos de los nuevos juegos de la Master System II. ¿Qué coño es un paseo marítimo?

7. Aire

Miroslav Djukic (Yuca para los comentaristas de la TVG: gran misterio este, por qué semejante pronunciación) acaba de colocar la pelota en el punto de penalti. Toma carrerilla y, con los brazos en jarra, espera a que el árbitro le permita chutar.

Estamos en el minuto noventa del último partido de la temporada 93-94. Bajo palos se encuentra González, el portero del Valencia. El marcador, 0-0. La ecuación es sencilla: si Djukic lo mete, somos campeones de liga. Si lo falla, el Barça —que ya ha ganado su partido— será el vencedor. No hay tiempo para más: después del lanzamiento solo habrá alegría o tinieblas. Ni el guionista más psicópata podría haber escrito algo así.

El árbitro pita y Djukic coge aire con una enorme bocanada. Para mí está todo ahí, en cómo Djukic intenta llenarse los pulmones justo antes de arrancar para tirar el penalti. He visto cientos de veces el vídeo, cómo su pecho se hincha exagerado y su boca trata de aspirar todo el oxígeno que le rodea. Pero no puede. El aire no termina de entrar. Casi es imperceptible, pero ese aire no llega.

Ni siquiera me hago una idea de la soledad del futbolista serbio mientras contempla la pelota. El portero del Valencia, desenfocado, de fondo. Esos segundos en los que todo desaparece y Djukic se queda solo con los latidos de su corazón.

Al coger aire, Djukic quería tomarnos en su pecho, meternos a todos dentro de él. Y todos juntos dimos el primer paso hacia la pelota, inmóvil, mojada, estática, esperando que el pie de todos los coruñeses la propulsase para ser campeones.

Pero es que ese aire no terminó de entrar.

Días antes del partido decisivo había acompañado a mi viejo a los alrededores del estadio. Los precios de reventa de las entradas habían alcanzado sumas absurdas. Tan absurdas que, en aquel momento, podían suponer un pequeño alivio para la economía doméstica. Así que mi viejo se planteó revender su entrada.

Mientras caminábamos juntos en silencio frente al paseo marítimo (así que el paseo marítimo era esto, pues no veo tanta diferencia con el de antes. ¿Cómo era antes, por cierto? No lo recuerdo), deseaba con todas mis fuerzas que no lograse vender su entrada. Lo pensaba, pero no se lo decía. Quería ir con mi viejo al estadio. Es verdad, si él no iba, iría con mi tío y mi abuelo, pero no quería que él se lo perdiera.

Había varios chavales por ahí revendiendo. Así que, nada más aproximarnos al estadio, ya nos miraron tirando a mal. Yo me acojoné: éramos dos forasteros entrando en un saloon. Mi padre empujó las puertas y todos los cowboys giraron sus sombreros.

Un matrimonio le pidió precio a mi viejo. Por su inexperiencia en aquellas lides, solo fue capaz de musitar un «no sé». Para los que nos rodeaban fue como si, en la barra, hubiésemos pedido dos vasos de leche. Los cowboys de la reventa se acercaron, uno de ellos escupió al suelo (probable dramatización). Lo que sí es seguro es que, en esos instantes, el pianista se estaba refugiando en el bebedero de los caballos. Aquellos tipos, mientras apuraban su vaso de whisky, plantearon una contraoferta. El asunto resultó todavía más inquietante porque mi padre ni siquiera había hecho la oferta.

Aprendimos que Riazor no era país para dos reventas novatos, así que decidimos marcharnos con las entradas en el bolsillo. El camino a casa, como la ida, fue silencioso. Pero yo, por dentro, me sentía eufórico.

De esa forma, aquel 14 de mayo de 1994, mi padre se acabó convirtiendo en uno de los atónitos testigos que, con el partido casi expirado, vieron a Nando caer en el área. La siguiente imagen que guardo es la de algunos jugadores de rodillas, abrazándose de pura alegría. El «pero» lo puso a voz en grito un tipo en medio del jolgorio de la grada: «¡Hay que tirarlo!».

Nuestro delantero estrella, Bebeto, se ofreció a asumir la responsabilidad. Pero Djukic le dijo que no hacía falta, que estaba bien. El primer lanzador del equipo era Donato (que por entonces ya tendría unos cincuenta y tres años), pero lo habían sustituido unos minutos antes. Pese a que Djukic era el segundo lanzador, y que los lanzaba muy bien, mucha gente asegura que, de todas formas, el penalti lo debería haber tirado Bebeto. Que, pese a que venía de fallar algún penalti esa temporada, estaba llamado a ello. Y puede que tengan razón.

Pero el turno fue de Djukic. El serbio cogió carrerilla y —ya lo sabemos— también intentó coger aire. Yo mordía la manga de mi sudadera como si fuera a arrancarla. El chico que tenía delante daba la espalda al campo: no se atrevía a mirar. Y en retrospectiva me alegro por él, porque así no tendrá grabado en sus pupilas el brinco de González para celebrar el desenlace (con el que no ganaba nada más que dinero), ni tendrá grabada la celebración de los demás jugadores del Valencia, felices como si se hubieran salvado del descenso.

Miré al chico que tenía delante y le dije que no con la cabeza, mientras él hundía su cara en la bufanda. Recuerdo que un recogepelotas, cabreado, le dio una patada a una valla publicitaria y la tiró al suelo. Que esa valla, junto a los pitidos del árbitro, fue lo único que rompió tan irreal silencio. Que habíamos perdido la liga en el último minuto. Que yo lloraba de camino a casa y que mi viejo, cariñoso a su estilo, con su mano en mi nuca, me dijo: «No se llora por fútbol». Y yo no lloraba por fútbol. Lloraba por el Dépor.

8. «No llega»

De lo que pensé cuando Alfredo Santaelena controló largo con el pecho me acuerdo bien: «No llega». La pelota procedía de un centro de Javier Manjarín desde la banda izquierda. Era un buen centro, pero Alfredo puso el pecho como quien pone una tabla de madera. La pelota le rebotó en consecuencia, larga, hacia el portero, y ahí vino mi pensamiento: «No llega».

En la temporada que siguió el terrorífico penalti, al Dépor le dio por colarse en la final de la Copa del Rey. Y, como no podía ser de otra forma, nos tocó enfrente al Valencia.

La sede de aquella final iba a ser el Santiago Bernabéu, un estadio que es como una mala influencia: siempre nos invita a copas. Hasta una centenaria ronda se pagó. Hablaremos de eso más adelante, claro.

Yo quería asistir a la final, pero no me animé a pedírselo a mis padres. No sé por qué. O sí. Para aquel sábado estaba organizada una comida familiar y dispuesta una gran pantalla (gran pantalla en el año 95 era una tele de siete metros de profundidad) en la que veríamos el partido todos juntos.

De haberlo planteado, la respuesta más previsible de mi viejo hubiera sido que, pudiendo verlo por la tele con una ginebra en la mano, a quién se le iba a ocurrir meterse once horas de tren o nueve en coche. Así que ni pregunté. Pero eso mismo sí se les había ocurrido a treinta mil locos que se desplazaron para ver en directo nuestra primera final de la historia.

Era esta la época en la que el «ultrismo» campaba a sus anchas. Los grupos radicales vivían su época dorada: impunidad, fascinación, moda, permisividad y desconocimiento por parte de las autoridades. Era un escenario óptimo para que la liga conociese sus años futbolísticos más violentos.

Ahora en España se habla mucho del fenómeno ultra. Y se habla porque la sociedad ha madurado, ha subido el listón y la tolerancia es significativamente menor, no porque ahora haya un problema o, si acaso, un problema mayor. El problema lo tenían (lo teníamos) en los noventa. Cuando casi nadie hablaba de ello. Entonces sí que tolerábamos lo inimaginable hoy.

Por ejemplo, ofensas a fallecidos (incluyendo niños), cruces gamadas y cánticos racistas. Por

Youtube circula un reportaje de la televisión vasca sobre el fenómeno ultra de aquellos años. Un reportero se desplaza al Bernabéu antes de un Real Madrid-Rayo Vallecano e intenta entrevistar a algunos chavales en las proximidades del estadio. No son ultras. Son adolescentes en día de partido que, como mucho, simpatizan con sus mayores.

Nada más ver el micro de la ETB, el reportero tiene que aguantar frases como «etarra de mierda, fuera de aquí». Otros se apiñan para, frente a la cámara, alzar el brazo y gritar «¡Ku kux klan!» con sus barbilampiños gestos contraídos.

Durante el partido, como se recoge en el reportaje, el fondo sur del estadio se dedicó a gritarle todo tipo de barbaridades racistas al portero del Rayo, el nigeriano Wilfred, quien, en sala de prensa, calificó lo ocurrido como «cosas del fútbol».

Y es que lo eran. En los noventa estas animaladas eran cosas del fútbol. Había peleas, palizas, gritos y cánticos racistas. Había esvásticas, pistolas de bengalas (como la que mató a Guillem Alfonso, de trece años, tras alcanzarlo en el corazón en el estadio de Sarrià), petardos, naranjas y botellas contra los jugadores (todavía guardo en la memoria las torturas a las que los Indar Gorri, hooligans de Osasuna, sometían a Buyo en cada visita a El Sadar). Había jugadores que agredían a sus presidentes, presidentes que agredían a otros presidentes, directivos que tenían en nómina a sus ultras y periodistas que eran ultras (alguno de estos queda aún hoy).

En general, el fútbol era menos maduro porque la sociedad también lo era. Y pasó que, cuando muchos de aquellos chavales que sí fueron a la final contra el Valencia llegaron a Madrid, les recibió la hostilidad de los ultras locales en forma de golpes y palizas por las calles de la capital. Eran otras calles, otros tiempos, que parecen más lejanos de lo que en realidad son.

Las agresiones no se vieron en televisión. Sí se vio, en cambio, el gol de Manjarín que nos ponía 1-0. Y también se vio cómo empezaba a llover sobre el estadio. En ese momento, uno de mis tíos dijo «nos conviene». Y, bajo la conveniente lluvia, empató el Valencia con un gol de Mijatovic. Y se vio cómo la lluvia se convertía en granizo. Y cómo los jugadores y el árbitro, con las manos sobre sus cabezas para protegerse, se refugiaban en el vestuario. El partido se suspendió a falta de once minutos para el final. ¿Y ahora qué? A jugar lo que faltaba el miércoles siguiente.

Durante esos días taladré la cabeza de mi viejo para que me llevara a Madrid. «¿Estás loco? ¿Para once minutos?». Yo suplicaba: «Pero si va a haber prórroga». «Que no». Y que no. Otra vez delante de la tele. Y, otra vez, miles de locos en dirección a Madrid.

No hubo prórroga. Eso hubiera sido demasiado normal. A los cinco minutos, Manjarín levantó la cabeza desde la banda izquierda, recortó hacia adentro y hasta la voz de José Ángel de la Casa me pareció emocionante.

En alguna zancada de su diagonal debió ver a Alfredo Santaelena, fichaje del Dépor proveniente del Atlético e incluido en la compra de Donato, que se metía en el área. Así que Manjarín puso un balón que hoy llamaríamos «templado».

Alfredo controló con el pecho y yo pensé: «No llega». Sí, la pelota se fue larga. Pero las quince mil personas que habían viajado hasta Madrid un miércoles y los miles de hinchas que estábamos delante de nuestras televisiones nos merecíamos que Alfredo volara como un kamikaze para atrapar un balón perdido. Así que Alfredo se tiró hacia los puños de Zubizarreta (que salió como si llevase pesos en los tobillos), remató, la pelota entró y, en una inversión de papeles, fue su cabeza la que recibió el despeje de Zubi.

Yo no sabía ni cómo se celebraba un gol tan importante. No era suficiente con gritar y saltar. ¿Cómo se festeja el primer título de un equipo?

9. A *merio* gas

Cierto día, un día cualquiera, no importa, el Dépor se ejercitaba a las órdenes del sustituto de Arsenio: el galés infinito John Benjamin Toshack. Ese día, el central Paco Jémez (actualmente también entrenador) notaba molestias en el tobillo izquierdo. No estaba cómodo y sentía pinchazos cada vez que golpeaba el balón. Así que, en mitad del entrenamiento, y viendo que aquello no pintaba bien, Paco se giró a Toshack y le dijo: «Míster, me duele cuando le pego con la izquierda». Y Toshack le respondió: «Paco, a mí me duele cuando le pegas con las dos».

Con la marcha de Arsenio Iglesias tras lograr la Copa del Rey se terminó el super-Dépor, pero quedó el molde. Lendoiro siguió con el proyecto como si el dinero saliera de un grifo. Una vez que te han dejado entrar en los palcos VIP, no es fácil volver a la barra a regatear cubatas. Así que el presi sacó la chequera y decidió que la fiesta no había hecho más que empezar. Ya nos ocuparíamos más adelante de cómo pagar lo impagable.

Mi vida también cambió. Dejamos Elviña y la adolescencia me encontró en la mítica plaza de San Pablo, en un barrio donde se celebraban multitudinarias pachangas de fútbol, el dueño de Feypo servía las mejores hamburguesas de A Coruña en un cuchitril sin mesas y la discoteca Chaston daba cobijo a ilustres clientes que rondaban los cincuenta y sesenta años.

Nuevos colegas y nuevos vecinos, como mi gran amigo Arturo Lezcano, me hablaban de cómo era San Pablo años atrás, en los ochenta, cuando más valía no pisar la hierba del Castilla por si había jeringuillas. O cuando algunos chavales, agachados en una esquina, respiraban dentro de una bolsa llena de pegamento.

Eso ya no pasaba. Todos habíamos cambiado: San Pablo, A Coruña, el Dépor y yo mismo. España entera se había lanzado al desarrollismo. Nuestro futuro estaba asegurado. Y también nuestro presente. Casa, coche, vacaciones y estudios universitarios. AVE, autopistas, puertos, tiendas, aeropuertos como churros... Nadie quería quedarse atrás. Y, como el Dépor, ya se vería luego cómo pagar. La gran huida. Hacia adelante.

El mascarón de proa del nuevo y ostentoso proyecto deportivista se llamaba Toshack, el de la inolvidable respuesta a Paco Jémez. Años más tarde, el propio Paco, en una entrevista a

Jot Down, contó otra clásica anécdota de la etapa de Toshack en el Dépor.

Tras algunos partidos sin ganar, el galés reunió a los jugadores en el vestuario y les pidió su opinión. Nadie decía ni pío, tal y como recuerda Paco en la entrevista, así que Toshack insistió: «Vamos, quiero escucharos». Fue Donato quien se levantó y con su agudo acento *brasileiro*, como si cada frase fuera un lamento, le dijo al entrenador que, desde su punto de vista, estaban jugando muy atrás. Toshack respondió dándole las gracias por su opinión, mirando al resto de jugadores con paternalismo y diciéndoles que aprendieran del brasileño. Tras aquello, Donato se pasó un mes sin ser convocado.

Toshack empezó con el Dépor como una folclórica: arrollador. Ganó todos los partidos de pretemporada, incluido un destrozo de 7-0 al Bayern Múnich en el trofeo Cartagineses y

Romanos de Cartagena. Después se hizo con la Supercopa (segundo título para el Dépor) y, tras un gran arranque de temporada, se desmarcó afirmando con pronunciación galesa: «estamos a *merio* gas». Justo después de aquella frase, empezó la caída del Dépor. Aquel año terminamos novenos.

Tras un par de genialidades más (como una rueda de prensa desde la piscina de un hotel de Chipre antes de un partido de Recopa), la paciencia de Lendoiro se agotó, y el presidente fichó como recambio al entrenador brasileño Carlos Alberto Silva.

Fueron años en los que la política de fichajes parecía una boda gallega. El presidente montaba plantillas de sesenta jugadores, incluida gente como Sebastián «El Loco» Abreu, «Manteca» Martínez, Salaheddine Bassir «El Maradona de Casablanca» (Bassir venía a veces a jugar al futbolín con mis colegas y conmigo a los recreativos Río, una sala de máquinas frente al puerto. Se debía de aburrir aquel rapaz), Renaldo Lopes da Cruz (que cuando aterrizó en A Coruña dijo «soy una mezcla entre Ronaldo y Rivaldo») o Peter «El Príncipe» Rufai (hijo del rey Rufai de Idimu, en Nigeria: el pequeño Peter eligió el fútbol en lugar de su carrera principesca).

Luego tocaba hacer descartes. Y, a la temporada siguiente, Lendoiro volvía a poner *a ghaliña enriba da mesa* y fichaba a otros veinticinco tíos. Eran, en fin, los años en los que nos resistíamos a abandonar la fiesta de los elegidos tirando billetes al aire mientras nos aparcaban el Cadillac.

El Dépor, como yo, había entrado en la adolescencia. Que nuestros caminos fuesen paralelos no significa que fueran similares. Mientras yo guardaba cola para entrar en la discoteca Pirámide, rezando porque me dejaran pasar (y rezando aún más porque no me atracaran entretanto), el Dépor se dedicaba a guiñar el ojo con media sonrisa y un destello en los dientes a los equipos más populares de Europa. Mientras yo probaba un vodka con naranja en un vaso de tubo con un solo hielo, el Dépor se servía champán como su presidente. Mientras yo me afeitaba la pelusa del bigote y me preguntaba a qué sabría la boca de una chica, el Dépor se mesaba sobrado la barba abrazado a una top model. Nuestra entrada en el futuro discurrió por senderos alejados uno del otro.

10. El equipo más popular de la liga

Empecé a ir al estadio con mis amigos. Primero a Especial Niños, una minigrada que parecía un colegio. Después a la histórica grada de General, cuando todavía era la Curva Máxica, cuando estábamos todos de pie sobre el hormigón y nos subíamos a la valla para festejar los goles. Cuando Riazor todavía tenía un solo fondo.

Frente a la cruz de la violencia había una cara: el fútbol auténtico en el que los jugadores lucían a la espalda números del uno al once, llevaban botas negras, sentían los colores, se dejaban bigote y no hacían anuncios. Los tiempos de solo tres extranjeros por equipo dando prioridad a la cantera y los partidos el domingo a las cinco (si acaso, uno, el televisado, el sábado por la noche). Los años en los que comisionistas, agentes, empresas tapadera, jeques, millonarios, empresarios chinos, marcas comerciales, periodistas analfabetos y demás telebasura no metían sus narices donde nadie —excepto el dinero— les había llamado. Los años previos al odiado fútbol moderno.

Tiene la nostalgia ese peligro de ignorar o no querer recordar lo negativo del pasado, de asociar los hechos al estado de ánimo de cuando los vivimos. Puede ser. No en fútbol, desde luego. Para mí, en lo que al balompié se refiere, soy absolutista, nostálgico, proteccionista y supremacista blanquiazul. Un viejo cascarrabias convencido de que antes todo era mejor, ciego ante el progreso, enfadado con el negocio, el show, el despilfarro.

El Dépor, liderado por Lendoiro, cayó víctima de esta nueva era. Se hinchó con la burbuja del todo vale y dilapidó hasta contraer una deuda de 378 millones de pesetas. Como el Dépor, casi todos los demás equipos. Así que el Gobierno, para evitar la ruina del fútbol español (que es lo que el fútbol español se merecía) obligó a los clubes que debiesen pasta a convertirse en Sociedades Anónimas Deportivas (SAD). Los únicos que no estaban endeudados eran Real Madrid, Barcelona, Athletic de Bilbao y Osasuna, únicos clubes que, hoy en día, no son SAD.

Fue en ese momento cuando entraron en escena los primeros millonarios (antecesores de los jeques) en busca de sus juguetes. Para evitar que eso ocurriese en A Coruña, Lendoiro tuvo una magnífica idea: obligó a los socios del Dépor a comprar acciones si querían preservar su asiento en Riazor. El mínimo eran dos acciones y, el máximo, el uno por ciento del accionariado total. De esta forma, el club se repartió entre más de veinte mil hinchas y se convirtió en el más popular de toda la liga. De paso, Lendoiro evitó la injerencia de un millonario externo.

En 2007, en plena crisis de la gestión lendoirista, se eliminó el tope del uno por ciento. En ese momento cualquier jeque de turno se podía haber hecho con el club, pero el Dépor, arrastrado al abismo por una gestión suicida, debía ya más de 160 millones de euros. Nadie quiso el caramelo envenenado.

En 2017, con Tino Fernández ya en la presidencia, el club acometió una ampliación de capital y limitó la adquisición de acciones a noventa mil euros. Miles de socios volvieron a comprar y, hoy en día, el Dépor sigue en manos de sus aficionados. Actualmente el club tiene 25.333 accionistas.

Solo la Real Sociedad (con más de catorce mil accionistas) y el Eibar (con once mil), tienen modelos parecidos. De momento, en A Coruña estamos a salvo de jeques. El club es de sus hinchas. Pocos equipos pueden decir eso.

Bien es cierto que alguien podría venir y acudir al libre mercado para hacerse con una mayoría de acciones, pero en ese caso tendría que ir puerta por puerta, ya que la mayoría de accionistas del Dépor posee entre dos y cinco acciones. Una empresa complicada, por tanto, y con una salvaguarda romántica: nadie cambia sus dos acciones por dejar el Dépor en manos de un millonario desconocido.

El equipo, además, supo aprovechar la locura del despilfarro: el Dépor usó aquellos años para ganar, hacerse grande y disfrutar de lo que jamás nadie soñó que podríamos disfrutar. Por eso, en el recuerdo de aquellas temporadas de quemar dinero, el Dépor aparece como ejemplo significativo y vilipendiado: porque el resto hizo lo mismo, pero, a cambio de su alma, no lograron una mísera alegría.

Vendido al mercantilismo suicida, el Dépor nos dio los mejores años. Los mejores e insostenibles años. En la ciudad, muy en el fondo, todos sabíamos que no podíamos permitirnos aquel tren de vida. Que estábamos en el restaurante equivocado y que nos acabarían sacando de allí a patadas. Pero, como el resto de San Pablo, de Elviña, de Coruña, de Galicia y de España, nos importó un carajo. Seguimos adelante.

11. Javier

La vida (el periodismo) me llevaría, contra todo pronóstico, a tener una cariñosa relación con un señor de Irún.

Javier Irureta —exjugador y entrenador— me tomaba el pelo en las ruedas de prensa en su época en el banquillo del Dépor. Cada vez que levantaba la mano para hacer alguna pregunta, me respondía en tono socarrón: «A ver, Carretero, qué». Era una actitud paternalista. Algo lógico, porque yo solo tenía veintidós años cuando cubría aquellas ruedas de prensa para el diario *Marca*. Ni siquiera me atrevía a llamarle Jabo, como hacían los demás. Siempre le llamaba Javier.

Irureta había llegado al banquillo del Dépor unos años antes de que yo iniciara mi andadura de periodista en la delegación del diario deportivo en A Coruña. Y, aunque solo nos tratamos durante un par de años —el tiempo que duré en el periódico—, mantuvimos una buena relación. A veces incluso me bajaba en su coche de Abegondo, la ciudad deportiva del equipo. En el camino charlábamos de la ciudad, de ciclismo, de fútbol, de periodismo…

Después de un entrenamiento, Irureta respondió a una pregunta (no recuerdo qué pregunta era, pero tampoco tiene importancia) aludiendo a un dicho popular en Galicia: «Como dice el refrán: mientras en Vigo trabajan y en Santiago rezan, en Coruña se divierten».

Yo tomé notas apresurado, como siempre hacía para que mi texto llegara puntual a Madrid. Después de haber enviado aquella maldita crónica, me fui a tomar una cerveza con un amigo. Y le conté lo ocurrido en la sala de prensa (o, al menos, lo que yo había entendido): «Hoy Irureta ha comentado que Fran siempre dice el refrán ese de…».

No hizo falta que mi amigo me dijera nada, porque comprendí mi error al instante. En mi postadolescente cerebro, empezó a repetirse el sustantivo «re-fran», «re-fran», «re-fran». Por alguna razón, por alguna insondable razón que todavía hoy desconozco, había entendido: «Como dice Fran, mientras en Vigo…».

Fran era entonces el mismísimo capitán del Dépor. Llamé a toda prisa a Madrid para intentar subsanar el error, pero ya era tarde. Al día siguiente, en la zona mixta del estadio y tras un partido, escuché la voz lejana pero firme de Irureta gritándome: «¡Carretero! ¿Cómo que dice Fran? ¿Cómo que dice Fran?». Así supe que, por lo menos, Irureta se leía mis crónicas.

Irureta era —es— un tipo sencillo, de misa diaria, que se pasó los siete años que estuvo en A Coruña viviendo en la habitación de un hotel y que conducía un Seat Toledo.

En otra ocasión le pregunté qué promesa estaba dispuesto a cumplir si el Dépor lograba remontar una eliminatoria de Champions contra el Milan que, en la ida, habíamos perdido por un contundente 4-1. Jabo me respondió que, si lo lograban, haría el Camino de Santiago. Cuando el equipo consiguió la remontada, la promesa dio la vuelta al mundo y ocupó portadas y radios.

Jabo hizo el Camino en tres etapas desde A Coruña, acompañado por su cuerpo técnico y algunos periodistas… entre los que yo no me encontraba. Solo me digné a esperarlo el último día, a su llegada a Santiago, en la plaza del Obradoiro. Otra vez, cuando me vio, su voz lejana: «¡Carretero! ¡Me haces prometer esto y no vienes! ¡Vaya cojones que tienes!».

Hay gente en A Coruña que dice que podríamos haber ganado más títulos si Irureta hubiera sido más ofensivo en sus planteamientos. Era un poco amarrategui el vasco, sí, pero coño: nos dio una liga y una Copa del Rey.

12. «Eh, Fran, cojonudo»

Pienso en la liga que ganamos y me viene a la mente la sudada de Fran.

Fran —el capitán, no confundir con la palabra «refrán»— llegó de su Ribeira natal para calzarse las botas del Dépor en Segunda a finales de los ochenta. Su enorme calidad (Real Madrid y Barcelona pretendieron su zurda) le convirtió en el sello *Galicia calidade* de un Dépor plagado de estrellas.

Nos habíamos plantado en la última jornada de la temporada 1999-2000 siendo líderes. Otra vez, como cuando Djukic desperdició su penalti en 1994, el Barcelona nos tenía a tiro. Otra vez, como en aquella ocasión, nos bastaba con ganar en casa.

Pero ni el Dépor ni yo éramos críos ya. El estadio había sido remodelado. Ya no había tierra en las áreas pequeñas, sino miles de papelitos blancos lanzados desde la grada. Los jugadores cobraban dinerales. Ya no había obras en el paseo marítimo ni jeringuillas en los barrios. A cambio, había dinero, oportunidades, centros comerciales. Yo iba al campo con mis amigos, no con mi viejo. Por entonces estaba estudiando y me quedaban un par de años para empezar mis prácticas (que me llevarían al *Marca* y a conocer a Jabo). Hubo un gol de cabeza de Donato en un córner y otro de Roy Makaay tras un pase de Manuel Pablo con pelo. No hubo penaltis fatales en el último minuto. Solo alegría, jugadores con experiencia y finales felices. Vencimos 2-0, se desató la ciudad.

Cuando el árbitro pitó el final, mi amigo Jacobo y yo saltamos la valla de Riazor y corrimos por el césped sin dirección, solo para expresar la felicidad que nos quemaba, como cuando un niño pequeño se pone nervioso y corre por el pasillo de casa.

Éramos campeones, campeones de liga, aunque en ese momento no lo comprendíamos en su totalidad. Tuvieron que pasar incluso años para que lo hiciéramos. En aquel momento solo corríamos. Y en plena carrera, sin querer, como si me encontrase a un familiar lejano en un pasillo de El Corte Inglés, me topé con Fran, que sonreía con los brazos levantados.

Mi amigo Jacobo le dio una palmada en la espalda y le dijo «Eh, Fran, cojonudo», o algo así. Yo lo abracé y el tío estaba empapado en sudor. Así que me aparté con rapidez. Luego, Jacobo se giró y me dijo: «Vaya sudada lleva».

Al instante, cientos de chavales llegaron a la escena, nos desplazaron a empujones y —se ve que con menos remilgos y con las ideas más claras sobre cómo actuar— dejaron a Fran literalmente en calzoncillos.

Sí, las cosas habían cambiado desde 1994. Especialmente, el resultado. Y, durante la celebración, en vez del teléfono fijo, los chicos y las chicas se intercambiaban los números de los móviles. Pero con la victoria se evidenció que, en lo esencial, no había cambiado nada: el estadio había estado lleno en 1994, volvió a estarlo en 2000, seguiría igual en 2014 y lo estará en 2034.

No creo que haya pandilla o grupo de amigos en A Coruña que no saque a relucir el deportivismo cuando toca rememorar momentos legendarios. Difícil encontrar un joven en la ciudad que no haya pasado por el fondo sur de Riazor en alguna época de su vida.

Por eso, en A Coruña, siempre decimos que aquel día no cerramos la herida de 1994. Que esa herida nos sangrará siempre. Y nos parece bien, porque fue sangrando como decidimos seguir empujando. Y a base de sangrar hicimos al Dépor campeón.

Éramos campeones.

Campeones de liga.

Esa noche, los fuegos artificiales iluminaron a la muchedumbre blanquiazul que ocupaba cada rincón de la ciudad. Las bengalas sacaron a la luz banderas, camisetas, bufandas, caras pintadas y hasta perros vestidos del Dépor. Alegría sin matices.

Aquella noche, en A Coruña, había gente pidiendo copas en la cafetería del tanatorio que está al lado de la fuente Cuatro Caminos, porque el resto de bares estaban atestados. Hasta los muertos festejaron ese día.

13. La mala suerte de Matteo Ruffini

Matteo Ruffini no pudo tener peor suerte. Nos hicimos amigos cuando llegó de Erasmus a A Coruña proveniente de Italia. Un chaval noble, divertido e inteligente con un solo defecto: era hincha del Milan.

Matteo y yo vimos juntos cantidad de partidos del Dépor ese año. Era una maravilla ver fútbol con él: además de jugarlo, Matteo, que acabaría siendo entrenador, leía el juego como nadie que yo haya conocido. Sin embargo, hubo un partido que vimos por separado: él en la grada visitante y yo en el fondo de Riazor.

Fue el Dépor-Milan, nuestros dos equipos, enfrentados en cuartos de final de la Champions de 2004.

El Dépor había perdido 4-1 en la ida ante el que, en ese momento, era probablemente el mejor equipo de Europa. Tenía el entonces presidente del Milan, Silvio Berlusconi, a los mejores jugadores, y Shevchenko, Kaká, Seedorf, Inzaghi, Maldini y Rui Costa, entre otros, nos destrozaron en la ida. Ocurrió que, en la vuelta, con Matteo en las gradas de Riazor para el ver el trámite de cómo su equipo defendía la paliza del primer partido, el Dépor hizo una de esas cosas que esculpen su historia: remontó.

Nadie contaba con semejante desenlace (ni siquiera Irureta, que se había comprometido a hacer el Camino de Santiago), y mucho menos Matteo, que tuvo que acabar haciendo su Erasmus en una ciudad pequeña que ni conocía y que albergaba al equipo que le remontó al suyo lo irremontable delante de sus narices.

Al descanso ya vencía el Dépor 3-0, y recuerdo estar en el baño de Riazor, desbebiendo la cerveza de la previa, rodeado de gente cantando y abrazándose de alegría. En ese instante, como pensando en voz alta, le dije al señor que tenía al lado: «Aún queda toda la segunda parte». Y el señor, con una de esas frases que se te quedan para siempre, me contestó: «Pero lo de ahora mismo no nos lo quita nadie».

Aquella noche, el Dépor terminó ganando 4-0 y A Coruña estalló en un festejo improvisado en pleno miércoles. En mitad de aquella noche de celebración, compartiendo una cerveza con Matteo, mi amigo me dijo: «No he podido tener peor suerte, pero me alegro por el Dépor».

14. Que conste en acta

La remontada al Milan fue, tal vez, el capítulo más vistoso de los cinco años consecutivos en los que jugamos la Champions. El segundo, sin duda, fue cuando me encontré a mi tío José Carlos en las taquillas de Riazor allá por el año 2000. Estábamos haciendo cola para comprar las entradas de uno de los primeros partidos grandes de la Champions que acogía la ciudad. Rendía visita, de nuevo, el Milan, el mismo que tres años después padecería nuestra furia. En aquella ocasión, sin embargo, perdimos 0-1 bajo la lluvia.

El asunto fue que mi tío y yo nos pusimos a charlar mientras aguardábamos nuestro turno. Yo tenía que comprar tres entradas. Creo que él otras tantas. Cuando nos tocó, el tipo de la taquilla me dijo que no se podía pagar con tarjeta, por lo que salí disparado en busca de un cajero. El único que encontré no funcionaba, así que mi tío José Carlos cometió uno de los errores más grandes de su vida: me pagó las entradas. Le dije que le daría el dinero el día del partido, pero se me olvidó. Así que le prometí que se lo devolvería la próxima vez que lo viese. Con diecinueve años que tenía entonces mi memoria era esponjosa: volví a incumplir. El olvido se fue estirando bajo la benevolencia de mi tío, que veía en aquel chaval de diecinueve años un pobre desgraciado sin un duro.

Todavía hoy, dieciocho años después, es raro el día que vea a mi tío y no me comente lo bien que le vendrían unas entradas para el fútbol. De hecho, una de las últimas veces que estuvimos juntos le conté que estaba escribiendo este libro. «Coño, ¿un libro sobre el Dépor? ¿Y vas a contar cuando ibas a ver la Champions gratis?», me dijo. «No, no, eso no», le contesté. Y, ya ven, volví a incumplir.

Victorias como aquella remontada contra el Milan (partido que también vi gratis, pero esta vez porque tenía acreditación de prensa) nos pusieron en el mapa. El Dépor se convirtió en la firma más reconocible de Galicia. En el extranjero situaban A Coruña gracias al equipo. Todavía hoy ocurre. Pegamos tal grito aquellos años que el eco aún se escucha.

Pero hubo muchas más victorias. Para que consten:

- En nuestra primera Champions, la del año 2001, llegamos a cuartos y nos eliminó el

Leeds United. En la ida perdimos 3-0, en parte por la sanción a Mauro Silva. Pero en la vuelta, los ingleses se llevaron un repaso. Tras varios disparos al palo, solo pudimos ganar 2-0. Dice mi amigo Iago que aquella fue la Champions que más cerca habríamos tenido, ya que tras el Leeds nos hubiéramos enfrentado al Valencia y después, en la final, al Bayern Múnich, que no era el Bayern que es hoy.

- Ese mismo año nos dio por levantar un 0-3 contra el Paris Saint Germain. Efectivamente, en el minuto cincuenta y cinco perdíamos por tres goles, y entonces el Dépor enlazó cuatro tantos seguidos y dio la vuelta al marcador.
- A la semana siguiente jugamos contra el Milan. Nos bastaba con empatar en San Siro para alcanzar los cuartos de final. Y a

Djalminha le dio por meter un penalti a lo Panenka.

- En 2002 ganamos al Bayern Múnich en su campo (2-3, con triplete de Makaay), algo que ningún otro equipo español había conseguido en la historia.
- También le ganamos al Manchester United en Old Trafford.
- Y a la Juventus en Delle Alpi.
- Y al Arsenal en Highbury en una exhibición de fútbol.
- Y al PSG en el Parque de los Príncipes con golazo del Turu Flores.

Mira, voy a resumir: les ganábamos a todos.

15. El playero de los cien años

Cuando el Dépor marcó el primer gol, el de Sergio, a mí lo que me preocupaba era mi playero (en A Coruña llamamos playeros a los tenis, zapatillas, deportivas, bambas o como quiera que se llamen en el resto de la geografía).

Con el fondo norte colapsado por el deportivismo en estado metafórico y literal de embriaguez, al Dépor se le ocurrió adelantarse en aquella final de Copa en la que éramos comparsa.

0-1, gol de Sergio, gente aterrizando sobre los demás, agua volando, ropa por el aire, empujones, gritos ahogados, caídas a rolos, abrazos inauditos... Y yo, en mitad del festejo, perdiendo un playero.

Me recuerdo agachado, buscándolo, con la sensación de un aluvión de cuerpos pasando por encima como si descargaran un camión de terneras congeladas. Y pensando: «0-1, quién nos lo iba a decir». A mi alrededor estallaba la revolución rusa y yo pensando: «Qué suerte poder vivir estas cosas».

Aquella fue una escena irreal dentro de un cúmulo de irrealidades: la Federación había decidido que la final de la Copa del Rey del año 2002 no se jugara en campo neutral, sino en el estadio del Real Madrid, que era uno de los finalistas. Y no solo eso. Además de tener que jugar en el Bernabéu, la Federación ordenó que se jugara entre semana. Cuesta creer que todo aquello sucediera de verdad.

¿Y qué ocurrió? Qué va a ocurrir. Pues que unos veinticinco mil deportivistas recorrimos aquel miércoles los seiscientos kilómetros que nos separaban del Santiago Bernabéu para llevarnos la copa a casa tras ganar 1-2. La copa del Centenariazo.

Allí estaba yo; veinte años contaba. Esta vez nada de teles y súplicas al viejo. Esta vez, autobús con los amigos. Salíamos a las seis de la mañana de A Coruña, así que para qué dormir. No merecía la pena. Como nos lo creíamos todo, nunca nos sentimos lo que en realidad éramos: los invitados en el centenario madridista. Y, qué *carallo*, bien hizo el Madrid en pedir aquella final y en organizar la fiesta. Si te van a conceder favores, ¿por qué rechazarlos? Éramos la comparsa, lo que ocurrió es que, con el subidón, no nos dimos cuenta. Como el borracho de la fiesta al que todo el mundo mira mal mientras él disfruta ajeno bebiéndose los floreros.

Años después, nos contaba Djalminha a un amigo periodista y a mí que dos cosas los llevaron a ganar aquella copa que cien años durará. La primera fue ver cómo veinticinco mil deportivistas ocupaban el fondo norte del Bernabéu dos horas antes de que comenzara el partido. El resto del estadio estaba vacío y nosotros (según cuenta Djalminha, yo tampoco puedo asegurarlo claramente) ya tronábamos en nuestra grada.

La segunda se produjo cuando Djalma se acercó a Flavio Conceiçao —también brasileño y exdeportivista fichado por el Real Madrid— antes del calentamiento y le preguntó si le apetecía tomar algo después del partido. «Bueno, es que tenemos la fiesta de celebración», le respondió Flavio. «¿Si ganáis, no?», dijo Djalma, y corrió con el cuento al vestuario y encendió la mecha del resto de compañeros.

16. Entrevista a un remolque de conejos

A mis veintidós años, muchos chavales me miraban con envidia: «Tío, trabajas cubriendo la información del Dépor, conoces a los jugadores, vas a los entrenamientos». Cómo explicarles que sí, que todo aquello me parecía muy bien, pero que, en realidad, era yo quien los envidiaba a ellos.

Los años de gloria que sucedieron al Centenariazo me tocó vivirlos como periodista. Eran mis primeros pasos en el oficio. Trabajaba en la delegación de Galicia de Radio Nacional de España y en la delegación de A Coruña del diario

Marca. Fueron años intensos. No solo porque compatibilizaba ambos puestos, sino también porque tenía que compaginar mi trabajo con mi pasión. Y nunca llegaron a casar bien.

Me mataba ir a los pupitres de prensa de Riazor en vez de a la grada con mis amigos (conseguí el día libre cuando remontamos al Milan, qué puntería la mía). Me hacía polvo ver los partidos de fuera de casa en la delegación, tomando notas, en lugar de meterme ocho horas de bus bebiendo calimocho. Yo no entendía a mi equipo como un oficio, sino como una pasión.

Esta incompatibilidad alcanzó su punto álgido cuando el Dépor, después de eliminar a la Juventus y al Milan, llegó a las semifinales de la Champions. El rival era el Porto de Jose Mourinho.

Nada más clasificarnos para semifinales empecé a pensar en la manera de viajar a Oporto con mis amigos. Cinco mil deportivistas iban a desplazarse para ver el partido de ida. Una invasión en toda regla para optar a la mismísima final de la Champions.

No era admisible que yo viese el partido en la delegación, bajo unas penosas luces de neón, tomando notas mientras me comía unos donetes y bebía un Dan'up. Así que intenté convencer a mis jefes, con la excusa de hacer una crónica de ambiente, de que me mandaran a Oporto como un hincha más. Y aquello coló.

(Nota: lo más parecido a una entrevista que hice aquel día fue una conversación con unos conejos en el remolque de un camión estacionado en una gasolinera del norte de Portugal).

También me ofrecí voluntario para ir a las taquillas de Riazor, donde la gente comenzó a hacer cola a las once de la noche del día anterior. Mis amigos y yo hicimos turnos y logramos las entradas tras una noche en vela.

La ciudad era una locura. Aquella eliminatoria era el eje de todo lo demás, de cualquier cosa que se hiciese o de la que se hablase en A Coruña. Había una atmósfera de festejo sostenido. La gente sonreía más. Soñábamos con lo que nunca soñamos soñar. ¿Te imaginas? Una final de Champions…

También soñaba yo. Pero soñaba preocupado. ¿Y si pasábamos a la final? ¿Cómo iba a hacer para ir con mis amigos —y sin obligaciones profesionales— a Gelsenkirchen, la ciudad alemana donde se iba a disputar el partido? El asunto me comía por dentro. Hasta me impedía disfrutar al cien por cien de aquellas semifinales benditas.

Una cosa era librase en unas semifinales y otra no trabajar el día del partido más importante de la historia del Dépor. Así que, en el autobús que nos traía de vuelta desde Oporto, tras el partido de ida en el que empatamos a cero, tomé una decisión firme mientras notaba mi boca pastosa como un felpudo: si pasábamos a la final, presentaría mi dimisión en ambos trabajos.

No solo me imaginaba las caras de mis jefes, que me preguntarían si había perdido la razón, me imaginaba sobre todo la cara de mi madre, que sería una mezcla entre inaudita y «te mato a golpes». A su cabeza llegaría solo el siguiente mensaje: «Mamá, dejo mis dos trabajos por un partido de fútbol».

Evidentemente, no era un partido de fútbol, era EL partido. Lo merecía todo (o casi todo). Desde luego, un trabajo (o dos) no me iban a robar tamaña ilusión. La decisión era firme. Pero explícale tú esto a una madre.

Al final no hizo falta dar tal paso. El Dépor cayó eliminado en el partido de vuelta, 0-1, tras un penalti cometido por César Martín, central asturiano que, ese día, sustituía a Andrade, portugués y titular en el Dépor. ¿Por qué lo sustituía? Porque a Andrade lo habían expulsado en el partido de ida después de darle una patada cariñosa y en broma a su buen amigo Deco, jugador del Porto, que el árbitro (asombrosamente) consideró una agresión. Andrade trató de explicarle que eran amigos, pero el defensa se fue al vestuario. Esa noche, Andrade y Deco cenaron juntos. Así que, en el partido de vuelta, tuvo que vestirse César, quien, en una jugada en la que probablemente Andrade hubiera llegado al balón, cometió un penalti tras irse al suelo. El Dépor, el equipo al que le pasan cosas.

La Champions quedó atrás, al igual que mi trabajo. Yo me marché hastiado por el periodismo deportivo, ansioso por salir de A Coruña y con mis energías enfocadas a trabajar y escribir sobre el mundo, no sobre mi mundo. Volvía a ser un hincha.

17. El pase de Valerón

Atrás dejé el fútbol profesional por dentro, que es como cuando un mago te explica el truco. Durante esos dos años como periodista deportivo comprendí qué diferente es lo que vemos y lo que en realidad es. Qué poco importan los colores y cuánto el dinero. Qué poco se fijan quienes deben fijarse en las cosas que les desmontarían parte del chiringuito, especialmente los amaños y el dopaje, los dos grandes tabúes para los profesionales del periodismo deportivo. Me fui desilusionado.

Me llevé también, y por suerte, la cara amable. La de chavales como Pablo Amo (que había jugado en el Sporting y con quien me iba de chigres por la calle de los vinos de la ciudad); la de Manuel Pablo (fanático de la Play Station) o la de canteranos como Xisco y los hermanos Carril. Pero de entre todos los nombres, mi recuerdo más cariñoso es para Juan Carlos Valerón, con quien entablé por entonces una buena relación (a pesar de que yo era un crío). Como un premio, un día me tocó jugar un partido con él en la ciudad deportiva. Una pachanga con amigos a la que se unieron Valerón y sus hermanos. Aquel episodio lo conté en un texto para la revista *Jot Down*:

Un día jugué un partido con Valerón. Me dijo que empezara de delantero. «Tú arriba», comentó con su voz fláutica. Y yo arriba.

Aquel día —hace un puñado de años, cuando arrancaba mi carrera como periodista en el inefable mundo del periodismo deportivo— la plantilla del Deportivo de La

Coruña tenía la jornada libre. Solo algunos jugadores subieron a entrenar de forma voluntaria a los campos de Abegondo, entre ellos Juan Carlos Valerón, mediapunta, dorsal veintiuno e ídolo infinito del deportivismo.

En uno de los campos, y aprovechando el día libre, habíamos quedado un grupo de voluntariosos periodistas para jugar a eso sobre lo que escribíamos con pretendida cátedra. Antes de comenzar el partido, todavía cambiándonos en el vestuario, Valerón llamó a la puerta y, asomando la cabeza, nos preguntó si él, sus dos hermanos y su sobrino podían jugar con nosotros. Juan Carlos Valerón nos preguntó si podía jugar con nosotros como preguntaban los de 6º B cuando se quedaban sin pelota.

La primera consigna que se instaló en mi mente mientras me subía las medias fue no rozarle. Ese fin de semana se jugaba el derbi gallego. El Dépor se iba a Vigo a afrontar el partido más importante de cada año. ¿Se imaginan ser el tipo que, en una pachanga, lesiona a Valerón antes del derbi? Probablemente me tuviese que ir de A Coruña en el primer autobús, con un sombrero calado y un periódico con agujeros para los ojos. Así que me mentalicé. Mientras caminaba hacia el césped escuchando el dulce pisar de los tacos contra el suelo del vestuario, visualicé lo que, bajo ningún concepto, debía suceder: un balón cruzado, un atisbo, un metro, una luz que me indicase la leve posibilidad de poder robarle el balón a Juan Carlos Valerón. Una esperanza vacua que me haría tirarme al suelo, deslizarme en un tackle perfecto e impactar con el tobillo del Flaco quien, obvio, hubiera llegado antes que yo al balón. Golpe, torcedura y adiós. Valerón a la enfermería y yo a Petrogrado.

Sentí alivio cuando en la selección de equipos me tocó en el de Juan Carlos. Así le llamábamos, Juan Carlos. No era cuestión de llamarle Valerón. «¡Eh Valerón, pasa!». «¡Valerón! ¡Aquí, solo!». *Así que Juan Carlos.*

En realidad yo a Juan Carlos ya lo conocía. Es un tío cojonudo. Un cacho de pan. Demasiado bueno para ser jugador profesional de fútbol moderno. Por aquella lejana y primigenia época yo trabajaba en la sección de deportes de Radio Nacional de España en Galicia y colaboraba con la delegación del Marca *en A Coruña. Así que, como a los demás jugadores, veía a Valerón a diario. Lo que pasa es que con el Flaco hice buenas migas. También con Manuel Pablo, su socio en el vestuario. Nos íbamos a veces a tomar unas cañas y otras a jugar a la Play a casa de Manuel o de Juan Carlos. La de Valerón estaba al lado del estadio de Riazor, un piso bueno, normal, en el que vivía con su hermana y su madre, muy lejos de los chalés y lujos de los demás futbolistas. Su madre, mientras gritábamos por las injusticias que emanaban de la videoconsola, nos traía merienda. Era como un regreso a la adolescencia, pero en casa de un jugador al que, por aquellos días, la Juventus de Turín le ofrecía una carretilla de millones; y en los periódicos se debatía quién era mejor: Zidane o él.*

El Flaco le dijo a la Juve que no y a los periódicos que Zidane era mucho mejor que él.

*

Valerón llegó al Dépor en el año 2000. Salió de un Atlético de Madrid que no pagaba a sus jugadores y estos no hicieron mucho por evitar que el club se fuera a Segunda. Y llegó a un Dépor que acababa de campeonar: solo nueve equipos han ganado la liga y el Dépor es uno de ellos. Antes había pasado el Flaco por la UD Las Palmas y el Mallorca. Le llamaban el Flaco porque era muy delgado. A decir verdad, era enclenque. Tenía las piernas larguiruchas y delgadas y los dedos de las manos se le retorcían como si fueran una representación de sus pases al hueco. Era también lento. Y no metía el pie, ni disputaba un balón de cabeza. En el primer partido que jugó en A Coruña, un tipo que estaba a mi lado en Riazor le llamó pichafría. Eso gritó, y luego aseveró que no servía para el Dépor. Entiendo que este tipo se habrá suicidado ya. Por último, y no menos importante, Valerón tampoco tenía un chut demoledor. Ni un sprint tajante.

Por lo demás, era el mejor.

Valerón ha sido, probablemente, el mejor jugador que haya vestido la blanquiazul. Y no es poco decir. En A Coruña se ha visto jugar a Luis Suárez (balón de oro), Acuña, Amancio, Rivaldo, Fran, Bebeto, Mauro Silva, Djalminha, Molina o Makaay.

El Flaco era un tipo delgado y parsimonioso al que no se le podía quitar la pelota. Esa era su virtud. En una entrevista para la revista Líbero, *Corona, exjugador del Almería, hablaba de Valerón y decía: «Siempre me ha impresionado muchísimo Valerón. Cómo hace todo tan fácil. Lo ves ahí tan flaquito, sabes que ha tenido lesiones graves, que está mayor, pero es que luego no se la puedes quitar. No-se-la-puedes-quitar». Así era. No se la quitabas. No se la quitaba nadie. La recibía y se la quedaba. La protegía con dos piernas raquíticas y ya está. Por supuesto, no cometía la vulgaridad de correr. El Flaco no lo necesitaba. Giraba sobre sí mismo, escondía el balón o recortaba en seco. Avanzaba poco a poco dejando atrás a aturdidos defensas notablemente más rápidos que él, hipnotizados por la majestuosa cámara lenta de Valerón. Y después escogía lo correcto.*

Por eso era el mejor: Valerón escogía siempre lo correcto, hacía en cada momento lo mejor que se podía hacer con el balón. De modo que cuando él tenía la pelota, ocurría lo mejor que podía ocurrir para el Dépor. Como Anibal en el Equipo A.

Recuerdo un partido contra el Alavés: el Flaco recibió un poco tirado a la banda, empezó a avanzar hacia la esquina del área y dejó buscando setas al lateral. Ya dentro del área una tromba de jugadores —compañeros y rivales, todos mezclados— entraron unos al remate y otros al despeje, frenéticos, pidiendo el balón como funcionarios saliendo del trabajo un viernes.

Desde la tribuna todos vimos un par de pases, un par de opciones más o menos claras, así que se lo gritamos (desde la grada es fundamental indicar a los jugadores lo que tienen que hacer). Pero el Flaco siguió reteniendo el balón, con la cabeza alta como si estuviera en una doma. Avanzar con la pelota era para él un gesto como puede ser avanzar sin pelota para cualquiera de nosotros. Por eso sus pases eran tan maravillosos: porque solo tenía que pensar en el pase, no en cómo hacerlo. Eso ya le salía solo, fuera cual fuera el golpeo. Decía que el Flaco siguió reteniendo el balón y pensando, hasta que decidió meter un pase al hueco (ahora se dice filtrar un balón, ojo) a un jugador que ni siquiera habíamos visto desde la grada, pero que, efectivamente, era el que mejor y más libre de marca entraba en el área. Pase y gol. Gol del tipo al que desde la grada ni siquiera habíamos visto llegar. Pero el Flaco sí lo vio. Eso o a aquel jugador lo creó él con la mente y nada más nacer echó a correr para rematar su pase.

Valerón lo veía todo. Jugaba desde el techo aunque estuviera abajo. El pase era siempre el idóneo y siempre con la precisión máxima. El dios del juego coral, de la asociación. El eje central de un equipo, el tipo que hace mejor a todos y prefiere dar que recibir. En Múnich, contra el Bayern, le metió dos a Makaay sin mirar. Recibió, se giró sin ni siquiera comprobar que el holandés había arrancado y le puso dos balones de gol. Como dice mi amigo Arturo Lezcano, en aquellos dos pases también iba un contrato, ya que Makaay fichó por el Bayern la temporada siguiente. Antes de irse, surtido de balones largos por Valerón, Makaay ganó la bota de oro. El año anterior, el Flaco había hecho pichichi a Tristán dándole pases cortos.

Lo que sucede es que Valerón no era mediático. Le importaba una mierda el dinero, los medios, las entrevistas y la fama. Solo le preocupaba jugar y pasárselo bien. Y si no, le quedaba Dios. El Flaco era extremadamente religioso y su fe convertía el fútbol en una banalidad a la que más valía no tomar demasiado en serio. En todo caso, practicaba un fútbol tremendamente cristiano: generoso con sus compañeros y piadoso con el rival. Tal vez por eso ha jugado hasta esta temporada, bendecido por la resistencia y diciendo adiós al profesionalismo con cuarenta años cumplidos.

*

Cuando en su mejor momento la Juve vino con los millones les dijo que no, porque a santo de qué se iba a ir a Turín, una ciudad en la que hace frío, pudiendo quedarse en su piso de Riazor jugando a la Play con amigos. Recuerdo un día, al acabar un entrenamiento, que un veterano periodista coruñés se acercó al Flaco para decirle que sentía lo de su lesión. Valerón se había lastimado un tobillo —creo que era un tobillo— y se iba a perder tres partidos fundamentales. El periodista maldecía la mala suerte y Valerón, con su voz aguda y su sonrisa como un piano, le decía que eso no era importante. Que el fútbol no era importante. No había cámaras ni micros delante. Lo decía porque lo pensaba. Y sonreía mientras lo decía.

Valerón siempre sonreía. Trataba con cariño a todo individuo que se le cruzaba. Nunca se enfadaba y, cuando se enfadaba, era un enfado forzado, como si la situación le obligara a enfadarse, pero no porque a él le apeteciese.

Siguió sonriente cuando en el año 2006 se destrozó los ligamentos de la rodilla y permaneció sonriente cuando un año después volvió a romperse los mismos ligamentos. «No hay que darle más importancia de la que tiene», decía durante los siete meses de rehabilitación. Sonriente estuvo incluso cuando en A Coruña tuvimos un entrenador que decidió dejarlo en el banquillo casi toda una temporada. Cuando se quiso dar cuenta y lo puso a jugar fue demasiado tarde: el Dépor se fue a Segunda tras veinte temporadas seguidas en la élite.

Salía de noche poco o nada en un vestuario, aquel del Dépor campeón, en el que se salía más veces de fiesta que partidos se jugaban. Algún jugador, incluso, salía más veces de fiesta que al campo a entrenar. No se cabreaba con los rivales, no protestaba al árbitro, no daba una patada. Que yo recuerde solo le enseñaron una tarjeta amarilla en los trece años que estuvo en A Coruña. Fue por sacar una falta antes de tiempo. El árbitro se confundió y le sacó la tarjeta al Flaco, que estaba al lado. Pero el que en realidad había sacado la falta era otro compañero. Solo una amarilla en trece años y no le correspondía.

Se ganó así el respeto. Los rivales lo veneraban, en los campos contrarios le aplaudían (excepto en el Vicente Calderón, donde le cantaban «Valerón, Valerón, maricón») y los jugadores jóvenes se peleaban por su camiseta. Pero, como no se peinaba raro, a Valerón nunca lo nominaron a ningún premio y fue internacional solo cuarenta y seis veces de las doscientas que tendría que haberlo sido. Tal vez si hubiera dado un par de ruedas de prensa subidas de tono o se hubiera largado a Turín, quién sabe si el show del fútbol le hubiera hecho más caso.

*

Valerón nació en Arguineguín, un pueblo de Gran Canaria que produce más futbolistas que el resto de España junta. Decían que el bueno de verdad era su hermano (estas cosas siempre se dicen cuando sale un crack); Miguel Ángel, se llamaba. Cuando Miguel Ángel estaba en el Mallorca empezando a despuntar, el Chapi Ferrer le tronzó un tobillo y lo mando al paro.

Miguel Ángel estaba aquel día en que los hermanos Valerón nos preguntaron si podían jugar con nosotros. Yo formaba —ya lo dije— como delantero, y por detrás de mí, todos los hermanos Valerón. Comencé a presionar como un caballo al que acaban de sacar del establo. Peleaba todos los balones y, cada vez que el Flaco cogía la pelota, tiraba los desmarques de mi vida, trazando diagonales con la intensidad de una locomotora. Solo me faltaba gritar mientras corría con unas bengalas en la mano. Me desvivía porque Valerón viese uno de mis desmarques y me diera un pase. Un pase de Valerón.

Pero no.

El Flaco no me veía. Y si me veía le importaba un carajo. Prefería hacer pasecitos al pie en el medio campo. Tac, tac. En corto, paredes rápidas. Si alguien se le alejaba más de dos metros, ya no se la daba. Quería enredar la jugada hasta el extremo, llegar a gol haciendo paredes de catorce centímetros y medio. Era como si en el centro del campo tuviese lugar un pinball mientras, arriba, un loco (yo) tiraba diagonales como una fan histérica pidiendo un autógrafo a Kurt Cobain.

En mi cabeza se repetía un mantra: «Si Valerón te mete un pase, no puedes fallarla». La idea de desperdiciar un pase de Valerón atormentaba mi existencia en aquella pachanga cada vez que emprendía una estéril carrera. Con el paso de los minutos empecé a desesperarme. El Flaco ni me miraba. Cuando quedaban diez para el final, roto por el sudor y el cansancio y sin apenas haber rozado un balón (solo un remate a las nubes tras el que el Flaco se me acercó y me dijo: «Tardas lo mismo en pararla que en pegarle de primeras»), me vine arriba y afronté la situación. Bajé al centro del campo, me puse al lado de o noso *veintiuno y le dije: «Juan Carlos, estoy solo». El Flaco me miró, con una expresión que oscilaba entre la sonrisa y la extrañeza. Y me respondió con su voz en La sostenido: «Dale, estate atento».*

Me fui arriba con energía renovada. Fe intacta en que por fin llegaría el milimétrico y cristiano pase del Flaco. Como una ilusa víctima a quien el timador pide perdón y una nueva oportunidad. De nuevo lanzaba desmarques como un niño inocente.

A falta de un par de minutos, recuperamos la pelota y entonces ocurre. El partido se para y arranca una secuencia a cámara lenta en la que yo amago que voy a recibir en corto y esprinto hacia arriba colándome entre dos defensas. Tiene que ser ahora. Ahora o nunca. El pase de Valerón.

Corrí con esperanza, con impropio entusiasmo, y mis ojos contemplaron cómo, por primera vez en el partido, el Flaco levantaba la vista, la clavaba en mi desmesurada carrera y empujaba la pelota como dándole una orden cariñosa: «Anda, ve con él».

Pase perfecto. Potencia justa, dirección exacta. Un desplazamiento de precisión billaresca que no hacía necesario el control, solo acomodar mi nervioso cuerpo para encarar al portero.

Fue en el momento en el que iba a rematar cruzado cuando comprendí que ese golpeo, que ese remate, culminaría un pase de Juan Carlos Valerón. Valerón me había dado un pase. Tenía un pase de Valerón en mis botas. Mientras levantaba la pierna, toda mi vida pasó por mi mente. Me visualicé llorando en la cuna junto a mi prima Rebeca, a quien el mundo dio paso casi el mismo día que a mí, crecimos en paralelo y ahora soy el orgulloso padrino de su hijo mayor; me vi siendo golpeado por un columpio en la cabeza mientras jugaba en el parque con cinco años; pude verme estudiando los ríos de Europa y los picos más altos y también corriendo delante de unos gitanos de mi barrio que querían robarme unas Yumas nuevas que me había comprado. Me vi aprobando selectividad, cogiéndome mi primera borrachera un verano en Logroño con licor de melocotón en un vaso de plástico de un litro. Me vi llorando y riendo con mis amigos, señalando en un mapa los sitios que estaba dispuesto a conocer cuando fuese mayor, enseñando a mi hermana a andar en bici y pidiéndole a mi madre que no le dijera a mi padre que aquella mañana no había ido a clase porque estaba en la playa con Carolina Jack, la chica a la que amé en COU. Me vi hablando por la radio y escribiendo en un periódico mientras mis amigos se iban de interraíl a Italia. Vi todo eso mientras levantaba la pierna para golpear el pase de Valerón. Y, seré franco, no pude con ello.

Le pegué mal y la pelota se estrelló, vulgar, contra el cuerpo del portero. Un remate insulso, un fracaso tras noventa minutos soñando con aquel instante.

Me puse las manos en la cara y, mientras el sudor resbalaba por mis dedos, miré al Flaco. «Me he resbalado», le dije dudoso. «Lo importante es no perder el equilibrio en la vida», me respondió. En ese momento no presté mucha atención a lo que me había dicho. Me fui a la ducha jurando por lo errado, abatido. Pero, por alguna razón, esa frase me ha estado acompañando toda la vida. Por cierto, Valerón sonreía cuando me la dijo.

18. «Si no te mueves, no te puede ver»

El Dépor y yo nos cruzamos en las escaleras mecánicas. Yo iba hacia arriba: acababa de aterrizar en Madrid como un niño al que sueltan en un Toys 'r' Us. Con veintipocos años, piso compartido y amigos dispuestos a descubrir una ciudad infinita. El Dépor, por su parte, se marchaba lentamente hacia el piso de abajo. Jugó su último gran partido contra el Porto. Al año siguiente, perdió todos sus encuentros de Champions y acabó la liga octavo. Sin embargo, lo que vendría a continuación, nuestra caída al temido pozo de Segunda, nos acabaría deparando un montón de hallazgos insospechados.

Me matriculé en un posgrado en periodismo narrativo mientras trabajaba primero en un VIPS y después en un Foster's Hollywood para ayudar a mis padres con la matrícula del curso.

En el Dépor se marchó Irureta y vino Joaquín Caparrós, entrenador sevillano con más corazón que cabeza. Las estrellas fueron desfilando o apagándose: Mauro Silva, Fran, Makaay, Tristán, Luque, Capdevila, Molina, Andrade, Djalminha... Se fueron y los recambios no sonaban tan rimbombantes: Juanma, Coloccini, Munitis, Arizmendi, De Guzmán... Nos convertimos en un equipo superviviente, nadando en mitad de la tabla.

Una vez finalizado mi posgrado, volví al mundo laboral del periodismo. Me contrataron como redactor en un periódico gratuito llamado

Qué! El futuro también se bañaba en excesos en aquella redacción. Cualquier excusa era buena para festejar: un ascenso, un cambio en el organigrama o el cumpleaños del cuñado del conserje. Los bares de los alrededores de la redacción hacían su agosto y una vez al año el periódico invitaba a toda la plantilla a un viaje.

Lo peor para el Dépor no fue que se marcharan las estrellas. Lo grave fue perder la identidad. Junto a los grandes nombres, se fueron tipos que, al permanecer cuatro, cinco o hasta diez años en el club, se habían comprometido. Se habían hecho deportivistas, como Pandiani, Scaloni, Donato, Naybet o Manuel Pablo. Y vinieron otros a los que el escudo y los colores no les decían nada. Mirar hacia abajo daba vértigo: no había cantera, no había proyecto ni filosofía. No había identidad. No solo se nos vació la cuenta corriente. Se nos vació el ego.

Durante mi experiencia laboral en A Coruña, me había formado una imagen equivocada de la profesión. Cuando trabajaba en *Marca* y en RNE, con solo veintidós años, la ecuación era sencilla: trabaja, progresa y no dejarás de aumentar tus ingresos. Con treinta años tendrás un sueldazo y unas condiciones de vida buenísimas. Y aquello parecía real: en apenas dos años me sobraban las ofertas de trabajo y facturaba más dinero del que podía gastar viviendo con mis padres. Todavía recuerdo que Radio Nacional me pagaba un taxi cada día desde A Coruña a Lugo (ida y vuelta, casi doscientos kilómetros) para cubrir la pretemporada del Dépor y asistir a una burda rueda de prensa.

Nos costó aceptar la nueva realidad. También la del Dépor. Sobre todo a Lendoiro, el presidente del milagro, que se aferró al puesto y llevó al límite su enfrentamiento personal con el ayuntamiento coruñés y las principales instancias de la ciudad. Las cuentas no cuadraban, los jugadores eran más mercenarios que peloteros y ya no había títulos para ocultar el desastre. Qué bien hubiera hecho Augusto en bajarse de la ola en aquel momento. Tendría hoy una estatua en la mismísima plaza de Pontevedra o a las puertas de El Manjar, el restaurante donde negociaba los traspasos de jugadores en jornadas de doce horas regadas en champán. Todavía recuerdo a los dirigentes de la UD Las Palmas saliendo de aquel restaurante a media mañana (habían entrado a cenar), tambaleándose de puro agotamiento, y a Lendoiro detrás, sonriente, con su deuda renegociada como si hubiera logrado un buen trato en el rastro.

La felicidad en el *Qué!* también se nubló en 2008. Aquel futuro brillante que nos habían prometido se redujo a varios ERE que achicaron la moral de toda la redacción. Se acabaron los viajes, las barras libres y las fiestas. Llegaron los sueldos congelados, la falta de motivación, la ausencia de futuro.

En el caso del *Qué!* fue una pesadilla que por un momento se hizo tangible. En el primer ERE que padeció el periódico los despidos los llevó a cabo la directora en persona, que tenía un despacho frente a la redacción. Aquel día de masivos ceses, los redactores escribíamos en silencio en nuestros ordenadores. De cuando en cuando, la directora salía de su despacho, caminaba despacio por la redacción buscando a alguien y, una vez localizado, le pedía que le acompañara. Ya dentro del despacho, lo fulminaba. Al cabo de un rato, salía a por la siguiente víctima. Así durante una mañana entera.

Como una película de terror: la directora paseaba buscando a su presa y le ponía la mano sobre el hombro, una mano helada y firme que mataba al instante a la incauta víctima. Y mientras caminaba en busca de más sangre, los redactores bajábamos la cabeza y escribíamos en silencio, como si al inclinarnos sobre nuestros teclados temblorosos lográramos hacernos invisibles. «Si no te mueves, no te puede ver», llegó a susurrarme un compañero mientras la directora pasaba junto a nosotros. Al menos pude reírme un poco.

Pocos años después, aquel ilusionante periódico echaría el cierre definitivo.

Lendoiro se quedó en un Dépor arruinado y candidato a despeñarse por un agujero por el que ya se estaban precipitando otros históricos: Málaga, Real Sociedad, Celta de Vigo, Zaragoza, Betis, Racing de Santander, Sporting… Todos a Segunda en un plazo de solo cinco temporadas.

Qué bien le habría venido a España, también a los periódicos, fijarse en cómo reventaba la burbuja del fútbol. Pero ¿a quién le importaba? Sobraba la pasta. Había que ser muy agorero para interrumpir aquella vida. Solo los precavidos, aquellos de miras altas y cabeza amueblada, lograron parapetarse. Y el Dépor no era uno de ellos. Entonces, ¡resulta que todo era mentira! Claro que lo era.

Tras una decadencia de tres años, nos fuimos a Segunda con Miguel Ángel Lotina en el banquillo. Descenso al infierno veinte años después de aquella jornada épica contra el Murcia, incendio en la grada incluido, que viví en el salón de mi abuelo. Fue un día duro. Adivinen el rival de aquella noche triste. El Valencia, claro.

19. El detalle de Gay Talese

En todo momento grandioso existe un detalle pequeño de enorme significado. Gay Talese, uno de los mejores reporteros que haya conocido el periodismo, decía que es este detalle el que hay que utilizar para narrar un acontecimiento.

Si exageramos un poco, el descenso del Dépor a Segunda sería uno de esos grandes acontecimientos que piden a gritos un minúsculo detalle. ¿Cómo verbalizar lo que el regreso al pozo significó para una hinchada que llevaba dos décadas disfrutando de títulos, alegrías, aventuras y partidos que no le correspondían?

El detalle que bien podría haber usado Talese fue el último balón del último partido de aquella época en Primera. Con 0-1 desde el minuto cinco, al Dépor le bastaba un gol para salvarse. Aquel encuentro de pesadilla fue una lluvia de ocasiones: remates al palo, al larguero, paradones del portero rival y balones que se marchaban fuera como si su trayectoria estuviera hechizada. Riki, Lopo, Adrián, Valerón, Guardado... Cada uno de ellos podía haberse ido a casa con un gol. Pero la última oportunidad la tuvo el argentino Colotto.

Lo vi desde el fondo de Riazor, venido desde Madrid para asistir al funeral. La pelota volaba hacia su cabeza, la cabeza que se preparaba para el glorioso impacto. Las esperanzas de toda una ciudad colgadas del flequillo con raya al medio de nuestro defensa central. Pero el balón se marchó fuera. No entró. Y cuando todos vimos que la pelota se perdía, lacónica, más allá del larguero, cuando todos comprobamos que el balón de Colotto ya no podía modificar su recorrido por culpa de no sé qué leyes de la física, asumimos la desdicha en forma de un enorme y unísono lamento. Ese barruntar gigante de un estadio tras la ocasión fallada que precede al silencio, a las manos en la cabeza y al sonido aislado de alguna patada frustrada contra un asiento que se rompe. Riazor se hundió como si nos hubieran dado un sopapo. A Segunda.

De nuevo, nuestro verdugo fue el Valencia. Nuestros antagonistas geográficos y futbolísticos. Esta vez, en cambio, nadie les culpó. El Dépor dependía de sí mismo y no fue capaz ni de empatar. Seis equipos se jugaban la permanencia en una última jornada esquizofrénica, y el Valencia llegó a A Coruña sin ánimo de reabrir heridas. Marcó un gol casi sin querer al principio y se pasó el resto del partido tocando la pelota con desgana hasta rematarnos en el descuento con otro tanto sin querer. Les faltó marcarse en propia. Pero ni así. Veinte años después, las lágrimas tenían otro sentido en Riazor. El Dépor pasó del palco VIP al sótano en tiempo récord. Y lo hizo al estilo del equipo al que le pasan cosas. Descendió con cuarenta y tres puntos en su haber, más que ningún otro equipo que se haya ido a Segunda en la historia. La única jornada que el Dépor estuvo en puestos de descenso aquella temporada fue la única que no tenía que haber estado: la última.

20. El piso maldito

El descenso del Dépor tuvo lugar en junio del año 2011. Un mes antes, mi amigo Ramiro y yo entramos a compartir piso cerca de la estación de Atocha. Ramiro es argentino, de Merlo, y fanático de River Plate. Ambos habíamos tenido que abandonar nuestras anteriores casas y decidimos buscar cobijo en un piso de la Ronda de Atocha.

Arrancamos nuestra convivencia con la ilusión de un salón amplio, dos buenas habitaciones y fibra óptica de internet. Pronto comprendimos la maldición de aquel piso: al mes y medio de nuestra mudanza, Dépor y River Plate se fueron a Segunda. Había que dejar aquella casa cuanto antes.

No tuvimos más remedio que quedarnos. Maldito contrato recién firmado. Y pasamos en aquella casa nuestras particulares y sendas temporadas malditas. La temporada en la que River y Dépor tenían que volver. La temporada que —enseguida no dimos cuenta— resultó ser la mejor de nuestras vidas.

En lo que a mí respecta, y cerrada la etapa del *Qué!*, me fijé un objetivo tan claro como improbable: ser reportero *freelance*. Bendita inocencia.

Con el dedo sobre un mapa empecé a buscar lugares en los que estuviesen ocurriendo cosas dignas de ser contadas. Así, sin ningún tipo de respaldo ni certeza, decidí pasar las navidades en Palestina. También la Semana Santa en Guatemala y el verano en Haití. Combinaba mis vacaciones con voluntariados en la India o colaboraciones con ONG que me llevaran a los lugares que me fascinaban. Después regresaba a Madrid e intentaba vender mi trabajo a una revista, un periódico o un suplemento. Nadie me compraba nada, por supuesto.

Con mi madre encantada de ver cómo me largaba a los sitios que el telediario decía que no había que visitar, perseveré. Y a base de insistencia, de puro pesado, algunos suplementos y revistas comenzaron a interesarse por mi trabajo. Paso a paso me fui buscando la vida como *freelance*.

El Dépor también se tuvo que buscar la vida. Tras años de decadencia, vernos en Segunda nos hizo reencontrarle sentido a esto de sufrir por tu equipo. El fantasma de un nuevo abandono, como el que tuvo lugar en los setenta, se asomó por un instante desde la Torre de Hércules. Pero fue pulverizado cuando el Dépor rompió su récord de abonados en el año 2011. La gente no dio la espalda a su equipo, se aferró más que nunca a él. En las malas, mucho más.

Comenzó una etapa inolvidable (2011-2015), con dos descensos y dos ascensos. Riazor reventaba cada partido, cantando en las gradas aquello de «ser de los que ganan es muy fácil, ser del Deportivo nos parece mejor». Claro que nos parecía mejor. Ya lo habíamos advertido: Champions o Segunda, eso no nos importaba. Y por eso aquellos años seguimos al equipo allá donde tocase ir: dos mil personas en Soria, tres mil en Guadalajara, cinco mil en Valladolid, Alcorcón, Ponferrada, Gijón, Huesca, Lugo, Tarragona, Vallecas, Vigo... Allá donde jugábamos, se producía una invasión. Una especie de fiebre suicida tomó A Coruña. La épica era adictiva. La gente reservaba con meses de antelación sus viajes para seguir al equipo.

21. Miguel, el numantino

En A Coruña nos acordamos mucho de Miguel, un paciente, amable y simpático señor chino que regentaba un bar en Soria y que, probablemente, no se llame Miguel.

Jugaba el Dépor contra el Numancia en nuestra primera temporada en Segunda y, por alguna razón, unos tres mil deportivistas decidieron viajar a la ciudad. Yo recuerdo ir en autobús desde Madrid, solo, al encuentro de mis amigos, que viajaban desde A Coruña. A pocas horas para el partido, comprendimos los allí presentes que, alrededor del estadio del Numancia, había solo un bar: un restaurante chino propiedad de Miguel. No quedó más remedio, pues.

Es probable que Miguel, aquel día, no contara con la presencia de tres mil clientes que, en lugar de rollitos, querían cerveza. Pero reaccionó rápido y, con un telefonazo, el bueno de Miguel hizo llegar a media familia para convertirlos en refuerzos. En pocos minutos, Miguel —reclamado por su nombre («¡Miguel, otra cerveza por favor!») por los clientes blanquiazules que desbordaban el aforo del restaurante— servía cervezas de seis en seis entre lámparas orientales y dibujos de dragones. Agotó existencias Miguel, a quien me imagino exhausto, con el abridor de botellas humeante, abrazado a su familia y despidiéndonos con un pañuelo y sonrisa emocionada mientras nos íbamos por fin al estadio. Cuentan que de aquella tarde nació un plan de pensiones, coche y segunda residencia.

Pasó algo parecido en Alcorcón cuando, entre la numerosa parroquia desplazada, corrió la voz de que en un bar de la acera de enfrente tenían Estrella Galicia. Pronto una muchedumbre se agolpaba a la entrada mientras la dueña, que acababa de abrir, nos miraba con expresión de pánico.

En Guadalajara fue el propio Bar Chiquitín, un clásico de los aledaños de Riazor, el que instaló una barra y varios barriles de cerveza para abastecer al deportivismo. Eran años en los que se desplazaban hasta los bares. Aquel partido era a las seis de la tarde, pero a las once de la mañana la pequeña ciudad ya estaba inundada de blanquiazul.

En Lugo vi lo que nunca había visto: en el estadio éramos más visitantes que locales. Y en Ponferrada fue necesaria una comilona de seis platos, postre, café y chupito para afrontar el frío.

Y así todo. Regresamos a Primera a la primera y nos fuimos a Segunda también a la primera, para volver a ascender. Disfrutábamos cada partido como no recordábamos haberlo hecho antes. Y vivimos capítulos memorables como el reencuentro con el Celta tras varios años sin derbi. Primero en Riazor, con un golazo de Lassad en la recta final del partido que tiró abajo la grada de General de Riazor. Después en Balaídos, un domingo por la mañana con cinco mil deportivistas desplazados y un cabezazo de Borja en el descuento que ponía el marcador 2-3 y a mí dieciséis filas más abajo tras la celebración del gol, que fue acunada con un torrente de insultos de fondo que acariciaban mis oídos: «Turcos, cabrones, deporculo…» y otras singularidades gramaticales.

Sin embargo, no fueron los goles los que movieron aquella locura. Fue reencontrarnos con el equipo. Tras años de dispendio y mercadeo, tuvimos que bajar al fango para recuperar lo único que pedimos en A Coruña: identidad. Nosotros estábamos en la grada y abajo, en el césped, jugaba Álex Bergantiños, un chaval del barrio de la Sagrada Familia; Juan Domínguez, deportivista de Pontedeume; Pablo Insua, coruñés blanquiazul; Fernando Vázquez, entrenador gallego y deportivista confeso; Laure, Seoane, Juan Carlos, Fabricio, Bicho, Uxío, Xisco, Luis Fernández… Y los de fuera estaban tan implicados que en los descensos a Segunda ni amagaban con irse: Riki, Aranzubia, Poroto Lux, Luisinho, además de Valerón y Manuel Pablo, todavía en el equipo durante la primera temporada en Segunda. Eran *os nosos*. Lloraban tanto como nosotros cuando perdíamos y gritaban lo mismo que la grada el día que tocaba ganar.

Estábamos en Segunda, pero sabíamos quiénes éramos. Cada temporada con más socios en la grada, con Riazor siempre en el podio de los estadios más poblados, con desplazamientos a no importa qué cancha… Si es que no pedimos tanto. Por no pedir, no pedimos ni ganar. Eso nos parece muy fácil.

22. Identidad

No puedo quejarme de cómo me ha ido desde que cerró el *Qué!* Tampoco el Dépor debería: aquellos años en Segunda fueron tan divertidos porque, probablemente, no queríamos afrontar la realidad de que el Dépor se encontrara al borde de la desaparición. La deuda era tan salvaje y el cabreo de Hacienda tan grande, que estábamos al límite de nuestras posibilidades.

El Dépor salvó varias veces el coma gracias a una muy buena gestión económica del sucesor de Lendoiro, el empresario coruñés Tino Fernández (también alumno de los Maristas, ¿qué pasa en este colegio coruñés?). Hoy, el equipo lleva tres temporadas seguidas en Primera y ha logrado refinanciar su deuda, que cada día, para alivio del deportivismo, mengua. Hay cierta estabilidad, aunque el peligro del descenso acecha cada año, empeñado en no dejarnos vivir en paz.

El asunto que sigue sin resolverse es el de la identidad: cada año me pregunto si mi equipo sabe quién es. Qué quiere. Es más: me pregunto si el propio fútbol reconoce la palabra «identidad» a estas alturas del negocio. Y me temo que no.

Hace ya muchos años, después de un entrenamiento, cuando yo trabajaba en el *Marca*, me acerqué a la cafetería de la ciudad deportiva. Allí estaban Xisco y Carlos Pita, dos chavales de la cantera que entrenaban con el primer equipo. Pita, gallego, le explicaba a Xisco, balear, lo que significaba jugar en Vigo contra el Celta. Le contaba anécdotas pasadas y viejas rencillas. Lo hacía con los ojos muy abiertos, cargados de intensidad. Yo imaginé un Dépor formado por once Pitas. ¿Qué más se podría pedir?

Hace tiempo —me da la sensación— que el Dépor no sabe qué quiere ser. No parece haber una filosofía de juego que abarque desde alevines al primer equipo. No parece haber una apuesta por la cantera ni por un estilo. Los jugadores llegan y se van con la facilidad de una transferencia bancaria. No aparece iluminado el camino que debemos seguir. Y, tal vez por ello, en A Coruña, tanta gente saca a relucir los títulos que logramos y los años mágicos que vivimos. Porque hacia atrás sí podemos mirar con orgullo. Pero ¿hacia delante?

Hay quien dice que sí habrá proyecto, que sí habrá identidad. Pero que primero hay que sanear el club. Yo es que, tantos años después, soy algo escéptico. Ya no solo con el Dépor, sino con el fútbol en general. Apenas reconozco lo que mi abuelo me descubrió a gritos en el salón de su casa. Ahora casi siempre veo un negocio que se come todo lo demás. Veo una maquinaria gigantesca destinada a generar dinero como único fin. Veo partidos que se juegan un lunes a las nueve de la noche o precios de entradas desorbitados mientras los encargados de seguridad de los estadios roban impunemente banderas y pancartas a los aficionados en nombre de a saber qué norma del fútbol moderno. A mí, sinceramente, me han quitado un poco las ganas.

Por eso ahora sigo los partidos del Dépor con más intención de divertirme y comentarlos con mis amigos a través del grupo de WhatsApp que con el vínculo emocional que antes me unía al equipo. Y por eso cada vez comprendo menos y me da más pereza el espacio que ocupa la pasión por este fútbol negocio. Me deprime un poco ver lo en serio que nos hemos llegado a tomar esto, el peso que el fútbol tiene en tantísimos ámbitos de la vida.

Hace años, la pasión por el fútbol era un compartimento estanco donde se situaba quien quería y, quien no, se mantenía al margen. Hoy los jugadores son estrellas sociales, los partidos, acontecimientos y los equipos, shows que arrastran miles de horas de programación, conversaciones, galas absurdas, redes sociales y opiniones vacías. Un omnipresente coñazo.

Por si fuera poco, todo se hace en nombre de un negocio que hace tiempo que no respeta a quienes vemos a nuestro equipo y sus avatares como la válvula de escape tribal y pasional que no podemos permitirnos, lógicamente, en los demás ámbitos de la vida. Si algo tiene el fútbol, el Dépor, es que me concede ser primitivo y seguir pulsiones que en el resto de parcelas vitales son inaceptables. Cuando veo a dos tipos discutir enfadados por fútbol me tranquilizo. ¿Os imagináis esa misma discusión por una bandera, un partido político o una ideología? Miedo. Por fútbol es como la discusión de dos niños

Pero no. Ahora ha llegado toda una turba de señores que se toman el fútbol muy en serio porque lo ven como su empresa y lo elevan a la categoría de multinacional. Y los palmeros discuten por un mísero penalti durante décadas. Y a los que empezamos en el suelo del salón de nuestro abuelo con una tela grapada a un palo de madera nos han dejado a un lado. Tampoco les importa. De momento.

Quién sabe. Tal vez mañana el Dépor, en medio de esta jungla, recupere la identidad, el proyecto y la filosofía y, con once chavales deportivistas en el césped, nos dé por mirar hacia delante de nuevo. En ello estamos. Mientras tanto seguimos con el sinsentido de llenar Riazor cada quince días y romper cada año el techo de abonados. Como perros fieles que siguen moviendo la cola a pesar del maltrato.

Es curioso que después de remontadas, títulos, playeros, golazos y fichajes estrella, lo que añoro sea la identidad. De eso va un poco este asunto. De ser del Deportivo y, sobre todo, de saber quiénes somos y qué queremos. Porque nos parece mejor.

Agradecimientos

A mi abuelo Martín, por mostrarme el camino blanquiazul.

A los carrachos, por tanta gloria vivida de locales y, sobre todo, de visitantes.

A Arturo, Antón, Rodri, Juanillo… y el resto de auténticos hooligans ilustrados del deportivismo.

A mis patrones del K.O., por confiar.

HOOLIGANS ILUSTRADOS

es el alimento espiritual de tuercebotas y fajadores

ALINEACIÓN

Por el Espanyol:
Enric González: *Una cuestión de fe*

Por el Real Madrid:
Manuel Jabois: *Grupo salvaje*

Por el Barça:
Marcos Abal: *Una insolencia*

Por el Atleti:
Julio Ruiz: *Yo me voy al Manzanares*

Por el Betis:
Antonio Luque: *Marchito azar verdiblanco*

Por el Zaragoza:
Ignacio Martínez de Pisón: *El siglo del pensamiento mágico*

Por la Real Sociedad:
Ander Izagirre: *Mi abuela y diez más*

Por el Athletic:
Eduardo Rodrigálvarez: *Un soviético en La Catedral*

Por el Sevilla:
José Lobo: *Yonkis y gitanos*

Por el Castellón:
Enrique Ballester: *Infrafútbol*

Por el Córdoba:
Antonio Agredano: *En lo mudable*

Por el Logroñés:
Javier Triana: *Goool en Las Gaunas*

Por el Rayo Vallecano:
Quique Peinado: *¡A las armas!*

Por el Celta de Vigo:
Alfonso Armada: *El Celta no tiene la culpa*

Por el Murcia:
Luis María Valero: *Sed en la Condomina*

Por el Oviedo:
Sergio Cortina: *Saliendo de la calle Oscura*

Y desde el campo de batalla:
Ramón Lobo: *El autoestopista de Grozni y otras historias de fútbol y guerra*